데이터분석가를 위한
알기 쉬운 확률과 통계

데이터분석가를 위한 알기 쉬운 확률과 통계

발행일	2026년 2월 20일

지은이	권상호
펴낸이	손형국
펴낸곳	(주)북랩

출판등록	2004. 12. 1(제2012-000051호)
주소	서울특별시 금천구 가산디지털 1로 168, 우림라이온스밸리 B동 B111호, B113~115호
홈페이지	www.book.co.kr
전화번호	(02)2026-5777 팩스 (02)3159-9637

ISBN   979-11-7598-143-0 03000 (종이책)   979-11-7598-144-7 05000 (전자책)

작가 연락처 문의 ▸ ask.book.co.kr

전용 게시판에 문의를 남기시면 저자에게 직접 전달됩니다.

(주)북랩 성공출판의 파트너

북랩 홈페이지와 SNS에서 다양한 출판 솔루션을 만나 보세요!

홈페이지 book.co.kr   •   **블로그** blog.naver.com/essaybook   •   **출판문의** text@book.co.kr
카톡채널 북랩

데이터분석가를 위한 알기 쉬운 확률과 통계

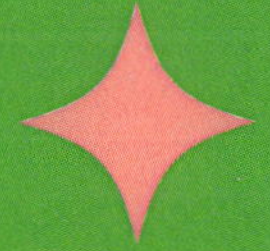

수식이 아니라 이해가 쌓일 때
데이터는 비로소 답을 말한다!

AI·빅데이터 시대,
확률과 통계를 다시 배우는 것만으로도
데이터 분석의 관점은 완전히 달라진다

북랩

본 책은 저자가 "AI를 위한 기초 수학과 확률 통계"를 대학생들에게 강의하면서 만들었던 강의자료를 가지고 확률과 통계의 기초이론을 잘 모르는 비전공자들도 쉽게 이해할 수 있는 교재의 필요성을 느껴서 만든 책이다. 최근 AI와 빅데이터가 어느 분야든 적용되고 있고, 이를 모르면 안 되는 시대가 도래되었다. AI와 빅데이터의 근간에는 기초적인 수학 그리고 확률과 통계가 있기 때문에 데이터분석 전문가가 되려고 하는 분들은 확률과 통계를 알아야 한다. 그리고 대학생들이 취업하려는 대부분의 기업과 기관들에서도 데이터분석을 위한 기초적인 자격증들을 요구하고 있다. 삼성의 경우 확률과 통계이론을 근간으로 하는 식스시그마, 데이터사이언티스트와 같은 삼성의 내부 자격증이 있으며, 이의 취득을 적극 권장하고 인사고과에도 반영하고 있다.

데이터분석을 위한 국가자격증인 데이터분석준전문가(ADsP)와 빅데이터분석기사는 많은 기업과 기관에서 공통적으로 인정하는 자격증으로 수많은 대학생과 졸업생이 취득을 희망하고 있다. 해당 자격증들의 시험 범위에는 확률과 통계가 약 1/3가량 차지하고 있다. 취업 및 본인의 미래 직무를 위해 이러한 자격증을 취득하기를 희망하는 학생들 중에는 비전공자가 전공자보다 많으며, 기초 지식이 없는 비전공자들에게 이러한 수학적인 확률과 통계 부분은 가장 어려운 부분이다. 그 이유는 이론적인 수학 공식들이 많기 때문이다.

기존의 전문적인 서적, 기초적인 확률과 통계 서적, 그리고 자격증을 위한 서적들에서는 대부분 확률과 통계를 개념과 예제보다는 수학적인 이론을 강조하는 경향이 있어, 학생들이 개념을 이해하기 어려워하는 경향이 있다. 개념을 잘 모르기 때문에 학생들은 수학 공식을 외울려고 하다보니, 응용문제가 나오면 더 어렵게 느끼게 된다. 특히 비전공자는 기초 지식이 없기 때문에 더욱 어려움을 느끼게 된다.

저자는 이러한 것들을 고려하여, 비전공자도 이 책을 통해 데이터분석을 위한 기초적인 확률과 통계 개념을 이해하고, 자격증 취득은 물론 앞으로 미래에 기업이나 기관에서 좋은 성과를 거두기를 기대하는 마음에서 이 책을 만들게 되었다. 저자가 생각하는 본 책이 다른 확률과 통계 서적들과 차별화되는 부분은 다음과 같다.

1. 비전공자도 확률과 통계 개념을 이해할 수 있도록 쉽게 설명하였다.

   1) 개념이해를 위해 거의 모든 단원에서 이해를 돕는 그림을 직접 그려서 자세히 설명하였다.

   2) 수식이 나온 배경을 자세히 설명하였다.

2. 많은 실생활 예제를 통해 이론적인 부분을 이해할 수 있도록 하였다.

   1) 예제를 직접 만들었으며, 개념을 이해시키기 위해 예제를 하나 하나 손으로 계산하여 풀었다.

   2) 모든 예제에 파이썬과 R 모두를 통해 문제를 푸는 방법을 제시하였다.

   3) 손으로 하나 하나 푼 결과와 파이썬과 R의 함수를 사용하여 푼 결과를 비교하였다.

3. 비전공자가 보기에 새로운 용어는 반드시 설명하였으며, 데이터분석을 위한 기초적인 확률과 통계부분은 빠뜨리는 것이 없게 모두 포함하였다.

본 책은 대학교 교재용뿐만 아니라, 비전공자가 데이터분석을 위한 국가자격증을 취득하려고 할 때 이해하기 어려운 확률과 통계 파트를 이해하는 데 크게 도움이 될 것으로 믿는다. 또한 대학생들이 향후 취업을 해서도 기업이든 기관이든 연구소든 데이터분석을 위한 확률과 통계부분이 나오면 이 책을 통해 쉽게 이해할 수 있기를 바란다. 끝으로 이 책이 나오기까지 도움을 아끼지 않은 집사람 그리고 동료 교수님들과 학장님께 감사드린다.

목차

머리말   4

1장 ✦ 확률의 개념

1. 확률의 의미   12

2. 라플라스(Laplas) 확률   14

3. 경험적 확률   16

4. 표본공간과 사건   20

5. 사건의 종류   22

2장 ✦ 조건부확률과 베이즈 정리

1. 조건부 확률   26

2. 독립사건   30

3. 전 확률(Total Probability)   32

4. 베이즈 정리(Bayes' Theorem)   34

3장 ✦ 확률변수와 통계치

1. 확률변수   44

2. 이산확률변수와 연속확률변수   46

3. 확률변수의 기댓값과 분산   51

4. 확률변수의 공분산과 상관계수   55

4장 ✦ 이산확률분포

1. 베르누이 분포(Bernoulli Distribution)   62
2. 이항 분포(Binomial Distribution)   63
3. 다항 분포(Multinomial Distribution)   68
4. 기하 분포(Geometric Distribution)   74
5. 초기하 분포(Hyper-Geometric Distribution)   77
6. 포아송 분포(Poisson Distribution)   80

5장 ✦ 연속확률분포

1. 개요   86
2. 균등 분포(Uniform Distribution)   89
3. 정규 분포(Normal Distribution)   90
4. t-분포(t-Distribution)   98
5. 카이제곱 분포(Chi-squared Distribution)   103
6. F-분포(F-Distribution)   105
7. 지수 분포(Exponential Distribution)   107
8. 확률밀도함수의 첨도(Kurtosis)와 왜도(Skewness)   109

6장 ✦ 통계 추정(Statistical Inference)

1. 개요   112
2. 점 추정   113
3. 구간 추정   114

7장 ✦ 통계 검정 개요

1. 가설검정의 개요   135
2. 제1종 오류와 제2종 오류   136
3. 검정 통계량(Test Statistic)   138
4. 기각역(Critical Region)   140
5. 유의 수준(Significance Level)   142
6. 유의 확률(Significance Probability)   144

8장 ✦ 통계 검정(Statistical Test)

1. Z-검정   149
   1) 단측 검정 / 149
   2) 양측 검정 / 151
   3) 비율 검정 / 154
2. t-검정   158
   1) 단측 검정 / 158
   2) 양측 검정 / 165
   3) 이표본(독립표본) 단측 검정 / 168
   4) 이표본(독립표본) 양측 검정 / 174
   5) 대응표본 t-검정(Paird t-Test) / 177
3. 카이제곱(χ^2)-검정(모분산 검정)   182
4. F-검정(모분산 차이 검정)   185

9장 ✦ 교차 분석

1. 적합성 검정(Goodness of Fit Test)   191
2. 독립성 검정(Test of Independence)   193
3. 동질성 검정(Test of Homogeneity)   200

10장 ✦ 분산분석

1. 개요   206
2. 일원분산분석(One-Way ANOVA)   211
3. 이원분산분석(Two-Way ANOVA)   216
   1) 반복이 없는 이원분산분석 / 216
   2) 반복이 있는 이원분산분석 /223

11장 ✦ 회귀분석

1. 개요   232
2. 단순회귀분석(Simple Regression)   237
3. 다중회귀분석(Multiple Regression)   247
4. 최적회귀방정식(Optimal Regression Equation)   255

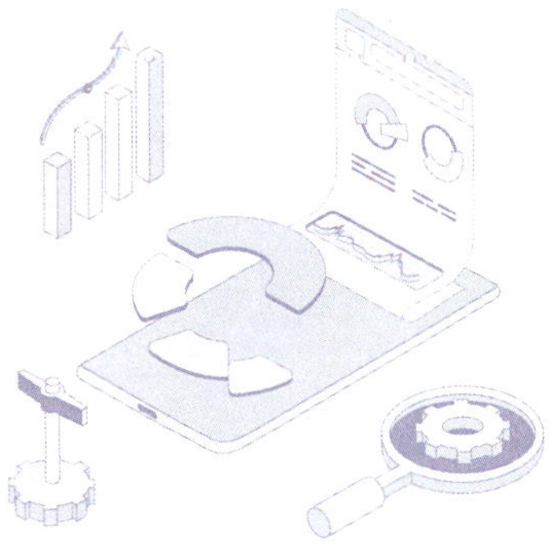

확률의 개념

1. 확률의 의미

확률은 영어로 Probability이다. Probability는 명사이며, 형용사는 Probable로 "아마도 ~일것이다." 또는 "아마도 ~이 일어날 가능성이 있다."라는 말이다. 즉 확률은 과거나 현재의 어떤 사건(Event)에 관한 것이 아니라, 미래의 어떤 사건이 일어날 가능성을 수치화한 것이다. 즉, 미래를 예측하는 데 사용된다고 할 수 있다.

확률은 0부터 1 사이의 값을 갖는다. 여기서 0은 백분율로 0%이며, 1은 100%를 말한다. 예를 들어, 우리가 흔히 "어떤 사건의 확률은 30%이다."라는 말은 "어떤 사건의 확률은 0.3이다."라는 말과 같은 말이다. 그럼 어떤 사건이 일어날 확률이 0%나 100%는 어떤 의미일까? 확률이 0%라는 것은 어떤 사건이 절대 일어나지 않는다는 의미이며, 확률이 100%라는 것은 어떤 사건이 반드시 일어난다는 의미다. 그럼 확률이 0%인 사건이 있을까? 예를 들어, 축구경기에서 A팀이 B팀을 이길 확률은 0%라고 말할 수 있을까? A팀이 과거 B팀과의 모든 경기에서 졌더라도, 미래 경기에서는 확률은 낮겠지만 이길 수도 있는 일이다. 세상 일들은 변수가 많아, 확률적으로 0%, 100%라고 말하기는 쉽지 않다. 유전자 검사에서도 100%라고 하지 않고, 99.999999%와 같이 표기하는 것을 볼 수 있다.

확률적으로 0% 또는 100%라고 말할 수 있는 것은 우리가 알고 있는 진리일 것이다. 물론 이러한 진리도 변할 수도 있겠다. 예를 들어, "미래에 사람은 누구나 죽는다."는 확률이 100%라고 할 수 있다. 하지만, 기독교에서는 하나님을 믿으면 육체적으로는 죽어도 영혼은 영원히 산다고 한다. 그럼 "미래에 사람은 육체적으로 누구나 죽는다."라고 하면 확률은 100%가 될 수 있지 않을까? 다른 예로, "내일 아침에 태양은 뜬다." 또한 확률은 100%일 것이다. "인간은 400세까지 산다."는 현재로서는 확률이 0%일 것이다. 확률이 0%, 100%가 어떤 것이 있는지 독자들도 생각해 보길 바란다.

우리는 앞에서 확률은 0에서 1 사이의 값을 갖는다고 했다. 이것을 수학적으로 표현하면 식 (1)과 같다.

$$0 \leq P(A) \leq 1 \quad - \text{식}(1)$$

일반적으로 사건(Event)을 대문자 알파벳으로 표기한다. 식(1)에서 P는 확률 Probability의 첫 문자다. 따라서 $P(A)$는 사건 A의 확률을 의미한다.

2. 라플라스(Laplas) 확률

1단원에서 확률의 의미를 살펴보았다. 그럼 확률은 어떻게 계산해서 나오는 걸까? 우리는 흔히 "어떤 사건의 확률이 낮다, 높다, 또는 확률은 40% 정도 될 거야."라는 말을 하곤 한다. 이때 우리가 이러한 말을 하는 근거는 무엇일까? 아마도 개인별로 주관적인 과거의 경험과 지식이 만들어 낸 추측일 것이다. 그러면 확률을 어떻게 수치로 산출하는지 살펴보자.

우선, 고전확률론을 정립한 라플라스(Laplas)는 일어나는 각각의 사건(Event)이 독립적일 때 확률은 모든 경우의 수에 대한 어떤 사건이 일어날 경우의 수의 비라고 정의하였다. 이것을 수식으로 표현하면 아래와 같다.

$$P(A) = \frac{n(A)}{n(S)} \quad - \text{식(2)}$$

식(2)에서 $n(S)$는 모든 경우의 수이고, $n(A)$는 사건 A가 일어날 경우의 수이다. 오백 원 동전을 예로 들어보자. 사건 A는 앞면이 나오는 경우라고 하자. 오백 원 동전을 던져서 나오는 모든 경우(결과)는 앞면과 뒷면 두 가지다. 따라서 모든 경우의 수 즉, $n(S)$ = 2이고, 사건 A가 일어나는 경우 즉, 앞면이 나오는 경우의 수는 $n(A)$ = 1이다. 따라서 $P(A) = 1/2$ 이므로 $P(A)$는 0.5가 된다. 주사위로 예를 들어보자. 사건 A는 주사위를 던져서 짝수가 나오는 경우라고 하자. 주사위를 던져서 나오는 모든 경우(결과)는 1, 2, 3, 4, 5, 6이다. 따라서 모든 경우의 수는 $n(S)$ = 6이고, 사건 A가 일어나는 경우 즉, 짝수가 나오는 경우는 2, 4, 6이므로 경우의 수는 $n(A)$ = 3이다. 따라서 $P(A) = 3/6$ 이므로 $P(A)$는 0.5가 된다.

이번에는 주사위를 두 번 던져서 나오는 두 수의 합이 7이 되는 사건을 A라고 해보자. 이때 모든 경우를 나열하면 (1, 1), (1, 2), (1, 3), … (6, 5), (6, 6)으로 그 수는 $n(S)$ = 36이다. 그리고 사건 A 즉, 두 수의 합이 7이 되는 경우를 나열하면 (1, 6), (2, 5), (3, 4), (4, 3), (5, 2), (6, 1)이므로 $n(A)$ = 6이다. 따라서 $P(A) = 6/36$이 되어, 1.667이 된다.

이러한 라플라스의 확률은 우리가 일반적으로 알고 있는 확률이지만, 두 가지의 가정이 필요하다. 하나는 각 사건이 독립적이어야 하고, 두번째는 모든 경우가 각각 동등한 가능성을 가지고 발생해야 한다. 각 사건이 독립적이라는 말은 각각의 사건의 결과가 다른 사건의 결과에 영향을 미치지 않는다는 의미다. 예를 들어, 처음 동전을 던진 결과는 다음 동전을 던진 결과에 영향을 미치지 않는다. 두번째 가정인 동등 발생 가능성은 동전을 던지거나 주사위를 던질 때, 던질 때마다 동일한 환경에서 실험이 이루어지고, 모든 경우가 동일한 발생 가능성을 가져야 한다는 말이다.

3. 경험적 확률

앞서 라플라스의 확률에 대해 설명하였다. 이번에는 경험적 확률에 대해 알아보자. 라플라스의 확률은 모든 경우가 동일한 발생 가능성을 가져야 한다고 가정하였다. 이것은 우리가 그렇게 믿는다는 의미다. 하지만 실제 동전을 10번 던지면 5번은 앞면, 5번은 뒷면이 나올까? 어느 때는 앞면이 6번, 뒷면이 4번 나오기도 하고, 어느 때는 앞면이 3번, 뒷면이 7번 나오기도 할 것이다. 우리는 라플라스의 확률과 같이 동등 발생 가능성을 가정하여 믿고 앞면이 나올 확률은 0.5, 뒷면이 나올 확률도 0.5라고 믿을 뿐이다. 주사위도 마찬가지이다. 주사위를 6번 던지면 1, 2, 3, 4, 5, 6이 각각 1번씩나올까? 어느 때는 1번이 2번, 4번이 1번 5번이 3번 나오기도 하고, 어는 때는 2번이 3번, 4번이 1번, 6번이 2번 나오기도 할 것이다. 경험적 확률은 라플라스의 확률과 다르게 실제 그 일을 무수히 반복하였을 때 나타나는 확률이다.

다시 앞의 질문으로 돌아가겠다. 동전을 10번 던졌을 때 앞면이 3번 나왔다고 하자. 그럼 100번 던지면 어떻게 될까? 아니, 1000번, 10000번 던지면 어떻게 될까? 시행횟수를 늘리면 앞면이 나올 확률은 라플라스의 확률인 0.5에 매우 근접해 간다. 그리고 주사위도 마찬가지이다. 4가 나오는 경우를 보면 6번 던졌을 경우, 4가 0번 나왔다고 하자. 100번 던지면 어떻게 될까? 1000번, 10000번 던지면 어떻게 될까? 마찬가지로 시행횟수를 늘리면 라플라스의 확률인 1.667에 매우 근접하는 것을 알 수 있다.

아래 식은 경험적 확률을 나타내는 식이다.

$$P(A) = \lim_{n \to \infty} \frac{n(A)}{n} \quad - \text{식}(3)$$

지금까지는 단순한 동전던지기나 주사위던지기를 가지고 확률을 구했지만, 실제 사회현상에서 어떤 사건이 일어날 확률은 매우 복잡하고 변수도 많다. 따라서 이러한 경우 기존의 무수한 경험을 바탕으로 추측하거나, 무수히 많은 실험을 통해 확률을 구할 수 있다. 이러한 경험적 확률은 직관적이고 이해하기 쉽지만, 대규모의 데이터가 필요할 수 있다.

그럼 이제 파이썬을 이용하여 동전던지기와 주사위던지기를 시행횟수를 늘려가며 확률을 구하는 실험을 해보자. 각 시행에서의 결과는 랜덤하게 주도록 한다. 다음은 동전던지기와 주사위던지기 각각의 파이썬 코드와 결과 그래프이다.

[동전던지기 파이썬 코드]

```python
import numpy as np
import matplotlib.pyplot as plt

n_throws = 100
results_throws = np.random.randint(1, 3, n_throws)
front_count = np.zeros(n_throws)
for i in range(1, n_throws):
    front_count[i] = front_count[i-1] + (results_throws[i] == 1)
p = front_count / np.arange(1, n_throws+1)

plt.figure(figsize = (10, 5))
plt.plot(p, label='Empirical Probability')
plt.axhline(y=1/2, color='r', linestyle='-', label='Laplas Prability = 1/2')
plt.xlabel('# of throws')
plt.ylabel('Probability of front event of a coin')
plt.legend()
plt.show()
```

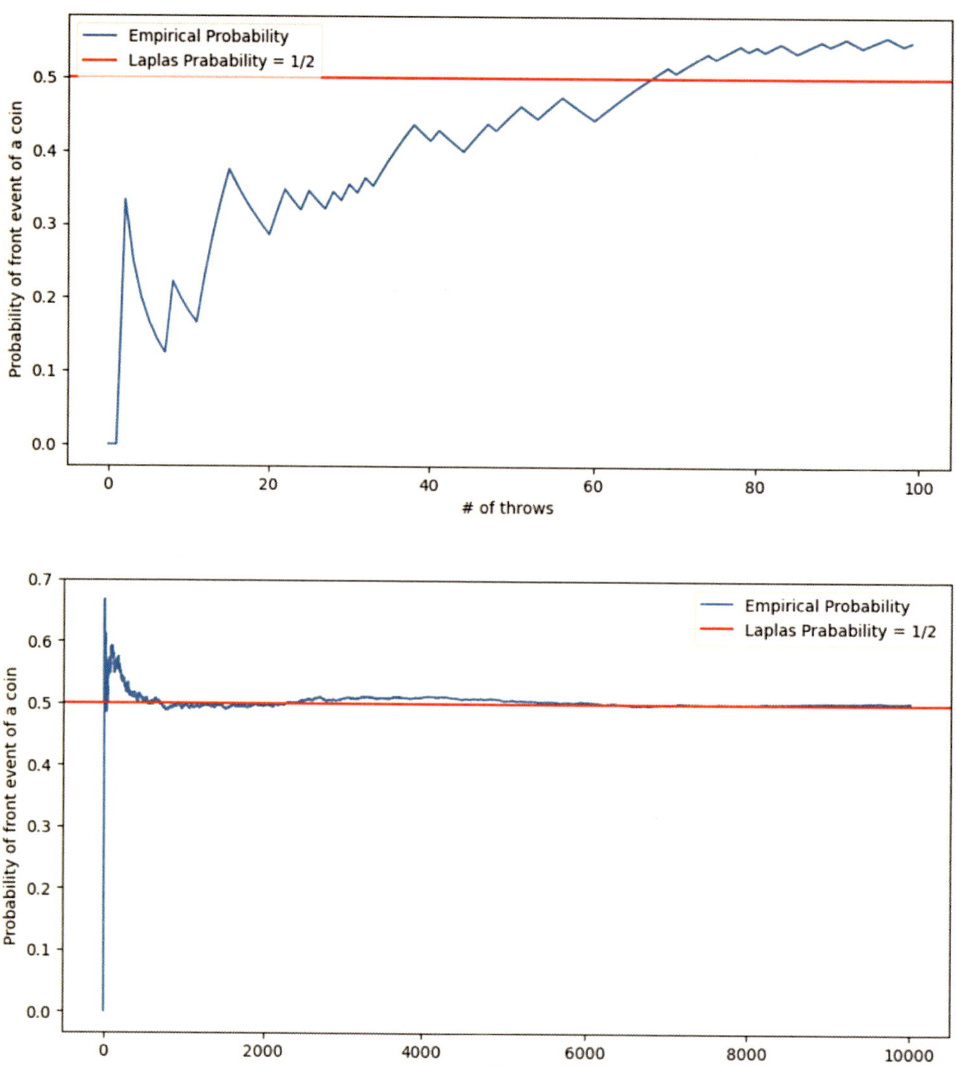

위 그래프에서 첫번째 그래프는 동전던지기를 100번 시행한 결과 동전의 앞면이 나올 확률을 나타낸 그래프이며, 두번째 그래프는 10000번 시행한 결과를 나타낸 그래프이다. 시행횟수가 많아질수록 동전의 앞면이 나올 확률은 0.5에 근사함을 알 수 있다.

[주사위던지기 파이썬 코드]

```python
import numpy as np
import matplotlib.pyplot as plt

n_throws = 10000
results_throws = np.random.randint(1, 7, n_throws)
front_count = np.zeros(n_throws)
for i in range(1, n_throws):
    front_count[i] = front_count[i-1] + (results_throws[i] == 4)
p = front_count / np.arange(1, n_throws+1)

plt.figure(figsize = (10, 5))
plt.plot(p, label='Empirical Probability')
plt.axhline(y=1/6, color='r', linestyle='-', label='Laplas Prabability = 1/5')
plt.xlabel('# of throws')
plt.ylabel('Probability of throwing a 4 of dice')
plt.legend()
plt.show()
```

[주사위던지기 실험적 확률 결과 그래프]

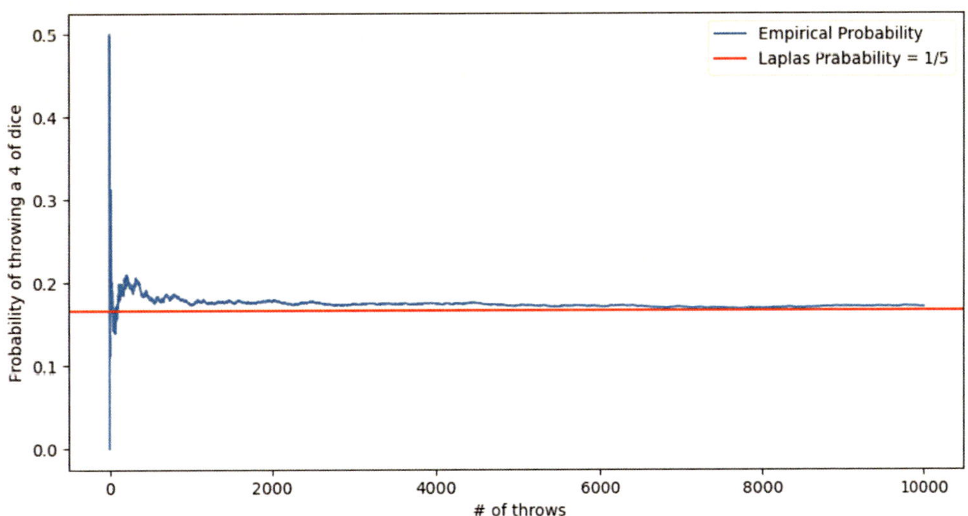

위 그래프는 주사위던지기를 10000번 시행해서 4라는 숫자가 나올 확률을 나타낸 그래프다. 그래프에서 보다시피 시행횟수가 많아질수록 확률은 1/6에 근사함을 알 수 있다.

4. 표본공간과 사건

표본공간(Sample Space)는 어떤 실험이나 사건에서 가능한 모든 결과의 집합이다. 예를 들어, 동전던지기에서 앞면과 뒷면이 모든 가능한 결과이므로 표본공간은 앞면과 뒷면이다. 그러면 주사위던지기의 표본공간은 무엇일까? 주사위던지기의 표본공간은 1, 2, 3, 4, 5, 6이다. 2단원 라플라스 확률에서의 사건의 모든 경우(결과)와 같다. 보통 표본공간은 대문자 S로 표현한다. 따라서 수학적으로 동전던지기와 주사위던지기의 표본공간은 각각 아래와 같이 표현할 수 있다.

동전던지기의 표본공간: $S = \{Head,\ Tail\}$

주사위던지기의 표본공간: $S = \{1,2,3,4,5,6\}$

다른 예를 들면, 윷놀이의 표본공간은 $S = \{도,\ 개,\ 걸,\ 윷,\ 모\}$이고, 동전을 두 번 던졌을 때의 표본공간은 $S = \{(H, H),\ (H, T),\ (T, H),\ (T, T)\}$이다. 그럼 주사위를 두 번 던졌을 때의 표본공간은 어떻게 될까? 직접 구해보길 바란다. 그리고 표본공간을 구성하는 각각의 원소를 표본점(Sample Point)이라고 한다.

그럼 표본공간의 확률은 얼마일까? 표본공간에는 실험이나 사건의 모든 가능한 결과를 포함하고 있기 때문에 어떠한 시행에서도 반드시 일어난다.

따라서 확률 $P(S) = 1$이다.

사건(Event)은 표본공간 S의 부분집합이며, 일반적으로 알파벳 대문자로 표기한다. 예를 들어, 오백 원 동전을 한 번 던졌을 때, 결과가 앞면이 나오는 사건은 $A = \{H\}$라고 표현하며, 뒷면이 나오는 사건은 $A = \{T\}$라고 표현한다. 이렇게 각각의 표본점(Sample point)만 갖는 사건을 근원사건(Elementary Event)이라고 한다. 이 외에도 사건 A는 $A = \{H, T\}$로 나타낼 수 있는데, 이러한 사건을 전 사건(Sample Space Event)이라고 한다. 따라서 전 사건은 표본공간과 같아서 어떠한 시행에도 반드시 일어나는 사건이다. 또한 사건 A는 A = ∅으로 나타낼 수 있는데, 이러한 사건을 공 사건(Empty Event)이라고 한다. 공사건은 말 그대로 결과가 아무것도 없는 사건으로 어떠한 시행에도 결코 일어나지 않는 사건을 말한다. 이렇게 표본공간의 어떠한 부분집합이라도 사건이 될 수 있다. 그럼 동전을 두 번 던졌을 때의 사건들은 어떤 것들이 있을까? 직접 구해보기 바란다.

5. 사건의 종류

사건의 종류에는 어떠한 것들이 있는지 살펴보자. 사건의 종류에는 합사건(Union of Events), 곱사건(Intersection of Events), 배반사건(Mutually Exclusive Events), 차사건(Difference of Events), 여사건(Complementary of Events)이 있다. 이러한 사건의 종류를 동전을 두번 던졌을 때의 결과 집합을 가지고 설명해보겠다.

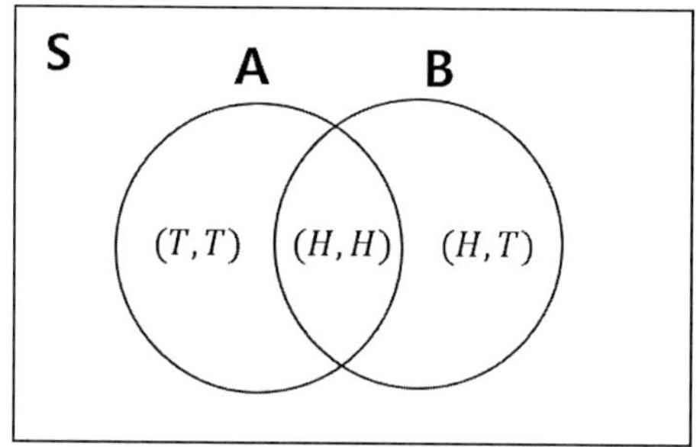

[그림 1] A, B 사건의 벤 다이어그램(Venn Diagramm)

오백원 동전을 두 번 던졌을 때의 표본공간은 $S = \{(H, H), (H, T), (T, H), (T, T)\}$이다. 이때 사건 A를 $A = \{(H, H), (T, T)\}$, 사건 B를 $B = \{(H, H), (H, T)\}$라고 가정하자. 이때 사건 A와 B를 기호로 표현하면 [그림 1]과 같은 벤 다이어그램이 된다. 사건 A와 B의 합사건은 $A \cup B = \{(H, H), (T, T), (H, T)\}$이다. 즉, OR 조건으로 A에 있는 원소이거나 B에 있는 원소이면 된다. A와 B의 곱사건은 $A \cap B = \{(H, H)\}$이다. 즉, AND 조건으로 A에도 있고, B에도 있는 원소여야 한다. 만약 A와 B의 곱사건이 공 사건($\varnothing$)이면, A와 B는 두 사건 간에 관계가 없는 배반사건이 된다. 차사건은 산술연산에서 빼기와 같다. 사건 A와 B에서 $A - B = \{(T, T)\}$가 된다. 사건 A에서 사건 B와의 공통 원소를 빼주면 된다. 여사건은 해당 사건에 있는 원소 외에 표본공간에 있는 나머지 원소들을 말한다. 사건 A와 B에 적용하면, A의 여사건은 $A^C = \{(H, T), (T, H)\}$이며, B의 여사건은 $B^C = \{(T, H), (T, T)\}$이다.

만약 사건 A와 B가 배반사건이면, 사건 A와 B의 합사건 확률은 사건 A의 확률과 사건 B의 확률을 더한 것과 같다. 즉, $P(A \cup B) = P(A) + P(B)$이다.

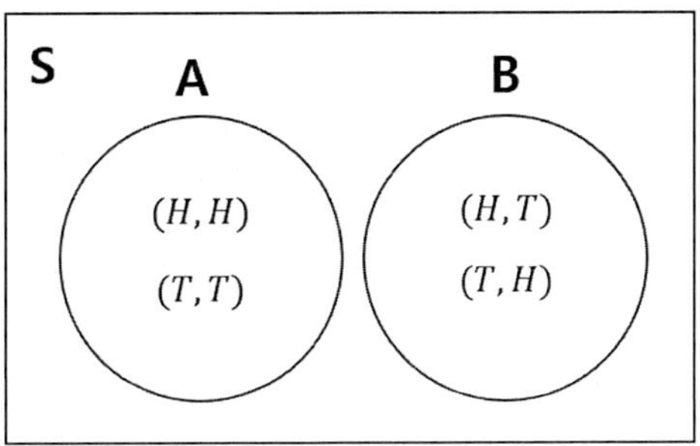

[그림 2] 사건 A, B의 벤 다이어그램(Venn Diagramm)

오백 원 동전을 두 번 던지는 예를 들어보자. 사건 A = {(H, H), (T, T)}, 사건 B = {(H, T), (T, H)}라고 가정하자. 이를 벤 다이어그램으로 표현하면 [그림 2]와 같다. 이때 사건 A와 B는 상호 공통된 원소가 없기 때문에 배반사건이다. 즉, $A \cap B$ = Ø이다. 그리고 사건 A의 확률은 2/4이며, 사건 B의 확률 또한 2/4이다. 이 둘을 합하면 1이된다. 또한 사건 A와 B의 합사건, $A \cup B$ = {(H, H), (T, T), (H, T), (T, H)}이며, 이사건의 확률 또한 1이다. 따라서 위의 식이 성립함을 예를 통해 확인해 보았다. 그리고 사건 A의 여사건의 확률은 1에서 사건 A의 확률을 뺀 값과 같다.

즉, $P(A^c) = 1 - P(A)$이다.

위 예제에서 이 식이 맞는지 확인해 보자. 사건 A의 확률은 1/2이다. 사건 A의 여집합은 A^c = {(H, T), (T, H)}이다. 따라서 사건 A의 여집합 확률 $(P(A^c))$도 1/2이므로 위 식이 성립된다. [그림 3]에서 사건 A 외의 영역은 모두 A의 여사건이므로 $P(A^c) = 1 - P(A)$가 성립됨을 그림으로 확인할 수 있다.

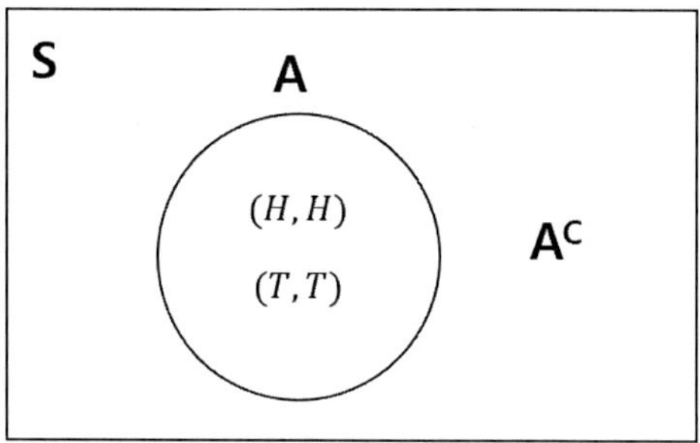

[그림 3] 사건 A와 A의 여사건의 벤 다이어그램

2장

조건부확률과 베이즈 정리

1. 조건부 확률

사건 B가 일어났다는 조건하에 사건 A가 일어날 확률을 조건부 확률이라고 하고, 아래 식(1)로 표현한다.

$$P(A|B) = \frac{P(A \cap B)}{P(B)} \quad - \text{식(1)}$$

몇 가지 예를 들어보자.

예1) 마트에서 어떤 사람이 빵을 샀다는 조건하에 우유를 살 확률은 얼마일까? 어떤 사람이 빵을 살 확률은 40%이고, 빵과 우유를 둘 다 살 확률은 30%라고 가정하면, 이를 식(1)에 대입하면 조건부확률은 0.3/0.4가 되어 3/4 즉, 0.75가 된다.

예2) 어떤 사람이 독감 백신을 맞았다는 조건하에 독감에 걸릴 확률은 얼마일까? 어떤 사람이 독감 백신을 맞을 확률은 20%이고, 독감 백신을 맞고 독감에 걸릴 확률은 5%라고 가정하자. 이를 식(1)에 대입하면 조건부확률은 0.05/0.2가 되어 5/20 즉, 0.25가 된다.

예3) 카드놀이에서 만약 덱에서 뽑은 카드가 빨간색이라면, 그 카드가 하트일 확률은 얼마일까? 카드가 빨간색일 확률은 26/52, 즉 1/2이고, 빨간색이면서 하트일 확률은 13/52, 즉 1/4이다. 따라서 이를 식(1)에 대입하면, 1/2이 된다.

예4) 이번에는 카드놀이 덱에서 뽑은 카드가 1부터 10까지의 번호가 붙은 카드라면, 그 카드가 다이아몬드일 확률은 얼마일까? 우선 1부터 10까지의 번호가 붙은 카드는 52장중 40장으로 확률은 40/52이다. 또한 1부터 10까지 번호가 붙어있고, 다이아몬드 카드는 52장중 10장으로 확률은 10/52가 된다. 이를 식(1)에 대입하면 10/40, 즉 1/4가 된다.

식(1)에서 분모를 좌편으로 이동시키면, 식(2)와 같이 된다.

$$P(A \cap B) = P(B) \cdot P(A|B) \quad - \text{식}(2)$$

이번에는 사건 A가 일어났다는 조건하에 사건 B가 일어날 확률을 구해보자. 이는 식(3)과 같다.

$$P(B|A) = \frac{P(A \cap B)}{P(A)} \quad - \text{식}(3)$$

이번에도 분모를 좌편으로 이동시키면, 식(4)와 같이 된다.

$$P(A \cap B) = P(A) \cdot P(B|A) \quad - \text{식}(4)$$

식(2)와 식(4)에서 아래 식(5)가 성립됨을 알 수 있다.

$$P(A \cap B) = P(B) \cdot P(A|B) = P(A) \cdot P(B|A) \quad - \text{식}(5)$$

식(5)는 사건 A, B가 동시에 일어날 확률은 사건 B가 일어날 확률에 사건 B가 일어났다는 조건하에 사건 A가 일어날 확률을 곱한 값과 같고, 또한 사건 A가 일어날 확률에 사건 A가 일어났다는 조건하에 사건 B가 일어날 확률을 곱한 값과도 같다는 의미다. 빵과 우유 예를 다시 들어보자. 어떤 사람이 빵과 우유를 동시에 살 확률은 빵을 살 확률에 빵을 샀다는 조건하에서 우유를 살 확률을 곱한 값과 같고, 또한 우유를 살 확률에 우유를 샀다는 조건하에서 빵을 살 확률을 곱한 값과도 같다는 의미다. [그림 4]는 이를 벤 다이어그램을 표현한 것이다. 조금 헷갈릴 수 있지만 뒤에 나올 베이즈 정리(Bayes' Theorem)를 잘 이해하기 위해 식 (5)를 잘 기억해 두자.

$$P(A \cap B) = P(A) \cdot P(B|A) = P(B) \cdot P(A|B)$$

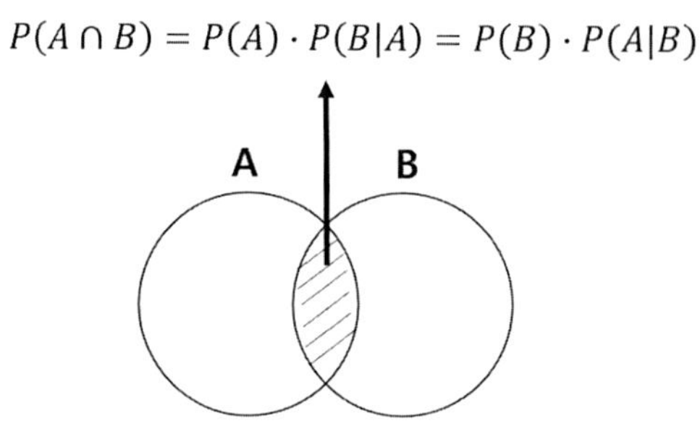

[그림 4] 사건 A, B의 교집합을 조건부 확률로 표현

조건부 확률의 예를 하나 더 들어보겠다.

예5) *코로나로 사망할 확률은 0.11%이다. 어떤 사람이 코로나 백신 접종을 받을 확률은 75%이다. 코로나로 사망한 사람 중에 백신을 접종 받았던 사람은 15%라고 한다. 그럼 백신접종을 받았는데, 코로나로 사망할 확률은 얼마일까? 이 예제에서 코로나 백신 접종을 받는 사건을 B라고 하고, 코로나로 사망하는 사건을 A라고 하면, 구하고자 하는 확률 $P(A|B)$ 는 아래와 같다.*

$$P(B) = 0.75$$

$$P(A \cap B) = P(A) \cdot P(B|A) = 0.0011 \times 0.15 = 0.000165$$

$$P(A|B) = P(A \cap B)/P(B) = 0.000165/0.75 = 0.00022$$

이를 벤 다이어그램으로 표현하면 아래 그림과 같다.

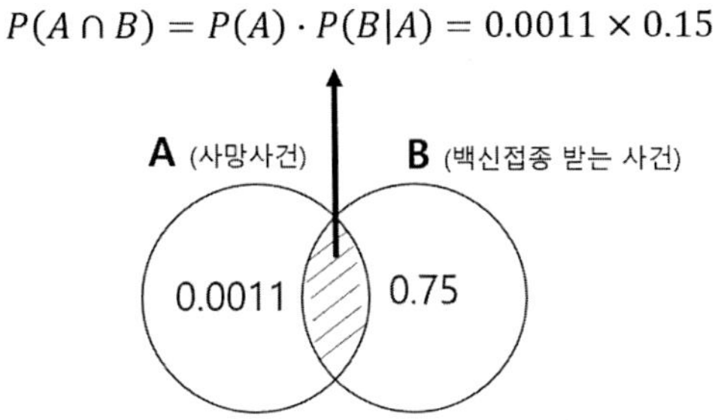

$$P(A \cap B) = P(A) \cdot P(B|A) = 0.0011 \times 0.15$$

[그림 5] 예5) 조건부 확률 구하기 벤 다이어그램

2. 독립사건

한 사건의 발생이 다른 사건의 발생 확률에 영향을 주지 않을 때 두 사건은 독립(Independent)이라고 한다. 즉, 두 사건 A, B 각 독립일 때 사건 A의 결과는 사건 B의 발생 확률에 영향을 주지 않는다.

A, B 두 사건이 독립이면, 아래 두 식이 성립한다.

$$P(A|B) = P(A)$$

$$P(B|A) = P(B)$$

따라서 사건 A, B가 독립이면 아래 식이 성립한다.

$$P(A \cap B) = P(A) \cdot P(B) \ - \ 식(6)$$

간단한 예를 들어보자. 오백원 동전을 두 번 던지는 시행을 한다고 하자. 순서대로 (앞, 뒤)가 나올 확률은 얼마일까? 첫 번째 동전을 던진 결과는 두번째 동전을 던진 결과에 영향을 미치지 않는다. 따라서 두 사건은 독립이므로, (앞, 뒤)가 나올 확률은 식(6)에 따라 (1/2)(1/2) = 0.25이다. 다른 예를 들어보자. 주사위를 3번 던져서 순서대로 (1, 2, 3)이 나올 확률은 얼마일까? 각 사건은 독립이므로 식(6)에 따라 (1/6)(1/6)(1/6) = 0.00463이다. 그럼 로또 예를 들어보자.

예6) 로또에서 1등이 당첨될 확률은 얼마일까? 로또는 1번부터 45번까지의 숫자 중에 6개의 숫자를 뽑으며, 이 6개의 숫자를 모두 맞추면 1등이 된다. 그럼 숫자를 뽑는 각각 사건은 비복원(숫자 하나를 뽑으면 다시 넣지 않음) 독립이기 때문에 확률을 계산하면 식(6)에 따라 $(1/45)\times(1/44)\times(1/43)\times(1/42)\times(1/41)\times(1/40) = 1/5,864,443,200$ 이다. 즉, 58억분의 1정도가 된다. 그럼 이것은 맞게 계산된 걸까? 한 가지 빠진 게 있다. 같은 숫자 6개라도 로또는 순서를 고려하지 않는다. 다시 말해, 1,2,3,4,5,6과 3,5,1,6,2,4는 같다. 따라서 순서를 고려하지 않기 때문에 Combination 조합으로 계산하면 5,864,443,200을 $6\times5\times4\times3\times2\times1 = 720$으로 나누어줘야 한다. 따라서 $5,864,443,200 \div 720=8,145,060$이 되어, 1등 당첨 확률은 $1/8,145,060$이 된다.

3. 전 확률(Total Probability)

전 확률(Total Probability)은 아래 [그림 6]과 같이 만약 B사건이 A_i 사건들의 교집합으로 구성될 때 B사건의 확률을 말한다. 조건부 확률 식(4)에 따라 식(7) 같이 전 확률을 구할 수 있다.

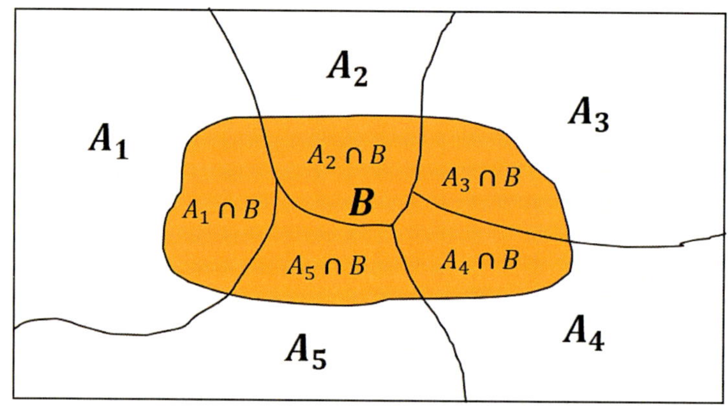

[그림 6] 전 확률을 표현하는 사건 A, B의 벤 다이어그램

[그림 6]에서 $P(B) = P(A_1 \cap B) + P(A_2 \cap B) + \cdots + P(A_5 \cap B)$ 이다.

식(4)에서 $P(A_1 \cap B) = P(A_1) \cdot P(B|A_1)$ 이므로 $P(B)$는 아래 식(7)과 같이 표현할 수 있다.

$$P(B) = P(A_1) \cdot P(B|A_1) + P(A_2) \cdot P(B|A_2) + \cdots + P(A_5) \cdot P(B|A_5) - 식(7)$$

예를 들어 보자. 어떤 학생이 우산을 가지고 학교에 갈 확률은 30%라고 하자. 우산을 가지고 간 경우, 비가 올 확률은 50%이다. 우산을 안 가지고 간 경우, 비가 올 확률은 20%이다. 비가 올 확률은 얼마일까? 비가 올 사건을 B라고 하고, 우산을 가지고 가는 사건을 A라고 하면 우산을 안 가지고 가는 사건은 A^c 가 된다. 이때 전 확률 P(B)는 식(7)에 의해 아래와 같다.

$$P(A) = 0.3$$

$$P(A^c) = 0.7$$

$$P(B|A) = 0.5$$

$$P(B|A^c) = 0.2$$

$$\therefore P(B) = P(A \cap B) + P(A^c \cap B)$$

$$= P(A) \cdot P(B|A) + P(A^c) \cdot P(B|A^c)$$

따라서 $P(B) = 0.15 + 0.14 = 0.29$, 즉 29%가 된다.

이를 벤 다이어그램으로 표현하면 아래 [그림 7]과 같다.

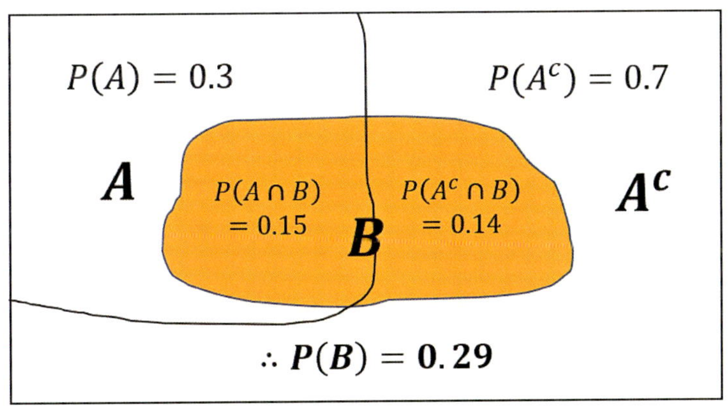

[그림 7] 전 확률 예제문제의 벤 다이어그램과 확률

4. 베이즈 정리(Bayes' Theorem)

이제 전 확률을 이용하여 베이즈 정리(Bayes' Theorem)를 설명하겠다. 베이즈 정리는 18세기 영국의 목사이며 철학자인 토마스 베이즈(Thomas Bayes)가 제안한 조건부 확률에 대한 정리이다. 베이즈 정리는 본래 역확률(Inverse Probability) 문제를 해결하기 위해 제시되었다. 역확률 문제는 정확률 문제와 반대개념으로, 관측된 결과로부터 그 결과의 원인이 무엇일까 역방향으로 추적하는 것이다. 베이즈 정리는 아래와 같은 식(8)과 같이 표현한다.

$$P(A|B) = \frac{P(A) \cdot P(B|A)}{P(B)} \quad — \text{식}(8)$$

식(8)에서 $P(A)$는 사전확률(Prior Probability)라고 하고, $P(A|B)$는 사후확률(Posterior Probability)라고 한다. 또한 $P(B|A)$는 우도(Likelihood)라고 하며, 사후확률의 역 조건부 확률이다.

식(8)에서 [그림 6]과 같이 A사건이 5개 있다고 가정하면, B사건이 일어난 조건하에 A_3사건이 일어날 확률은 식(9)와 같다.

$$P(A_3|B) = \frac{P(A_3) \cdot P(B|A_3)}{P(A_1) \cdot P(B|A_1) + P(A_2) \cdot P(B|A_2) + \cdots + P(A_5) \cdot P(B|A_5)} \quad — \text{식}(9)$$

식(9)에서 분모 $P(B)$는 식(7)의 전확률로 바꾼 것이다. 이를 벤 다이어그램으로 표현하면 [그림 8]과 같다.

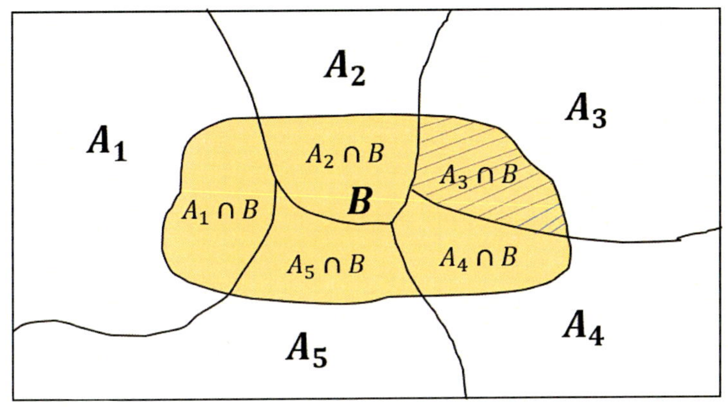

[그림 8] 베이즈 정리 설명을 위한 벤 다이어그램

[그림 8]에서 색 있는 부분의 사건 B 영역의 확률이 식(9)의 분모가 되며, 사건 B영역에서 사선으로 처리한 영역의 확률은 식(9)의 분자가 된다. 이제 예제를 통해 베이즈 정리를 확실히 이해해 보자. 베이즈 정리를 충분히 이해하고 있다면, 예제는 한 두개 정도만 보고 넘어가도 좋다. 이해가 잘 되지 않는다면, 예1)에서 예4)까지 모두 풀어 보기 바란다.

예1) 도시에서 한달 중 하루에 비가 올 확률이 30%이다. 비가 올 때 사람들이 우산을 챙길 확률은 80%라고 하자. 또한 비가 오지 않을 때 우산을 챙길 확률은 10%라고 하자. 이제 어떤 사람이 우산을 챙겼다면, 그날 비가 올 확률은 얼마일까?

이 예제의 마지막 물음을 보면, 어떤 사람이 우산을 챙겼다면, 그날 비가 올 확률을 구하는 문제이다. 따라서 어떤 사람이 우산을 챙긴 사건을 B, 비가 올 사건을 A라고 정의하자. 그러면 $P(A|B)$를 구하는 문제가 된다. 아래와 같이 사건들의 확률을 구할 수 있다.

A : 비가 오는 사건

A^C : 비가 오지 않는 사건

B : 어떤 사람이 우산을 챙기는 사건

$$P(A) = 0.3$$

$$P(A^c) = 0.7$$

$$P(B|A) = 0.8$$

$$P(B|A^c) = 0.1$$

$$\therefore P(A|B) = \frac{P(A \cap B)}{P(B)} = \frac{P(A) \cdot P(B|A)}{P(A) \cdot P(B|A) + P(A^c) \cdot P(B|A^c)}$$

$$= \frac{0.3 \times 0.8}{0.3 \times 0.8 + 0.7 \times 0.1} = 0.774$$

즉, 우산을 챙겼는데, 비가 올 확률은 77.4%라는 말이다.

벤 다이어그램으로 도식화하면 [그림 9]와 같다. [그림 9]에서 사건 A영역의 확률은 0.3이고, 사건 A^c 영역의 확률은 0.7이다. 그리고 $P(A{\cap}B)$는 0.24이고, $P(A^c{\cap}B)$는 0.07, 따라서 $P(B)$는 0.31이다.

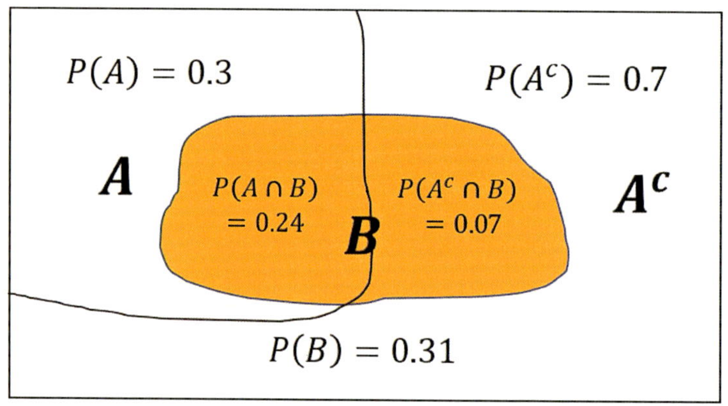

[그림 9] 예1), 베이즈 정리 문제의 벤 다이어그램

예2) 삼성에서는 두 종류의 배터리를 생산한다. 한 종류는 중소형 배터리(S)이며, 다른 종류는 자동차에 들어가는 대형 배터리(L)이다. S제품과 L제품의 불량률은 각각 3%, 5%라고 한다. 전체 생산량 중 S제품은 70%를 차지하고, L제품은 30%를 차지한다. 만약 불량품이 생산되었다면, 이 불량제품이 S제품일 확률은 얼마일까?

이 예제의 마지막 문장을 보면 불량품이 생산되었다면, 이 불량제품이 S제품일 확률을 구하라는 문제이다. 따라서 불량품이 생산되는 사건을 B, S제품일 사건을 A라고 정의하자. 그러면 $P(A|B)$를 구하는 문제가 된다. 아래와 같이 사건들의 확률을 구할 수 있다.

A : 생산품 중 S제품일 사건

A^C : 생산품 중 L제품일 사건

B : 불량품이 생산되는 사건

$$P(A) = 0.7$$

$$P(A^c) = 0.3$$

$$P(B|A) = 0.03$$

$$P(B|A^c) = 0.05$$

$$\therefore P(A|B) = \frac{P(A \cap B)}{P(B)} = \frac{P(A) \cdot P(B|A)}{P(A) \cdot P(B|A) + P(A^c) \cdot P(B|A^c)}$$

$$= \frac{0.7 \times 0.03}{0.7 \times 0.03 + 0.3 \times 0.05} = 0.583$$

즉, 불량품이 생산되었을 때, 중소형 배터리일 확률은 58.3%라는 말이다.

벤 다이어그램으로 도식화하면 [그림 10]과 같다. [그림 10]에서 사건 A 영역의 확률은 0.7이고, 사건 A^c 영역의 확률은 0.3이다. 그리고 $P(A \cap B)$는 0.021이고, $P(A^c \cap B)$는 0.015, 따라서 $P(B)$는 0.036이다.

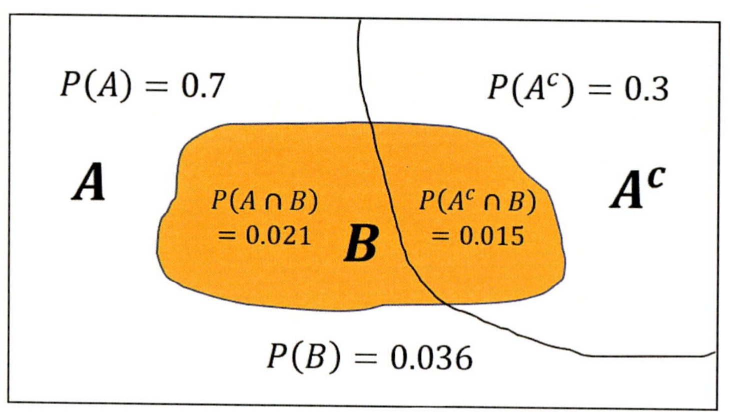

[그림 10] 예2), 베이즈 정리 문제의 벤 다이어그램

예3) *LG는 세탁기를 만든다. 이 세탁기를 미국, 유럽, 동남아, 남미에 수출하여 판매한다. 각 지역별 판매비중은 미국(US) 35%, 유럽(EU) 30%, 동남아(EA) 20%, 남미(SA) 15% 이다. 각 지역별 만족도를 조사했는데, 조사결과 미국은 85%, 유럽은 90%, 동남아 는 95%, 남미는 80%가 나왔다. 만약 어떤 고객이 세탁기를 만족하였다면, 이 제품 이 동남아에서 판매되었을 확률은 얼마일까?*

이 예제의 마지막 문장을 보면 어떤 고객이 세탁기를 만족하였다면, 이 제품이 동남아에서 판매되었을 확률을 구하는 문제라는 것을 알 수 있다. 따라서 고객이 세탁기를 만족하는 사건을 B, 제품이 동남아에서 판매되는 사건을 A라고 정의하자. 그러면 $P(A|B)$를 구하는 문제가 된다. 아래와 같이 사건들의 확률을 구할 수 있다.

A : 제품(세탁기)이 동남아에서 판매되는 사건

US : 제품(세탁기)이 미국에서 판매되는 사건

EU : 제품(세탁기)이 유럽에서 판매되는 사건

SA : 제품(세탁기)이 남미에서 판매되는 사건

B : 고객이 세탁기를 만족하는 사건

$$P(A) = 0.2$$

$$P(US) = 0.35$$

$$P(EU) = 0.3$$

$$P(SA) = 0.15$$

$$P(B|A) = 0.95$$

$$P(B|US) = 0.85$$

$$P(B|EU) = 0.90$$

$$P(B|SA) = 0.80$$

$$\therefore P(A|B) = \frac{P(A \cap B)}{P(B)}$$

$$= \frac{P(A) \cdot P(B|A)}{P(A) \cdot P(B|A) + P(US) \cdot P(B|US) + P(EU) \cdot P(B|EU) + P(SA) \cdot P(B|SA)}$$

$$= \frac{0.2 \times 0.95}{0.2 \times 0.95 + 0.35 \times 0.85 + 0.3 \times 0.9 + 0.15 \times 0.8}$$

$$= \frac{0.19}{0.8775} = 0.217$$

즉, 고객이 세탁기를 만족하였을 때, 동남아에서 판매되었을 확률은 21.7%이다. 이를 벤 다이어그램으로 도식화하면 [그림 11]과 같다.

[그림11]에서 오렌지색의 사건 B의 영역의 확률은 전확률로 0.8775이며, 사건 A와 B의 교집합 영역의 확률은 0.19이다

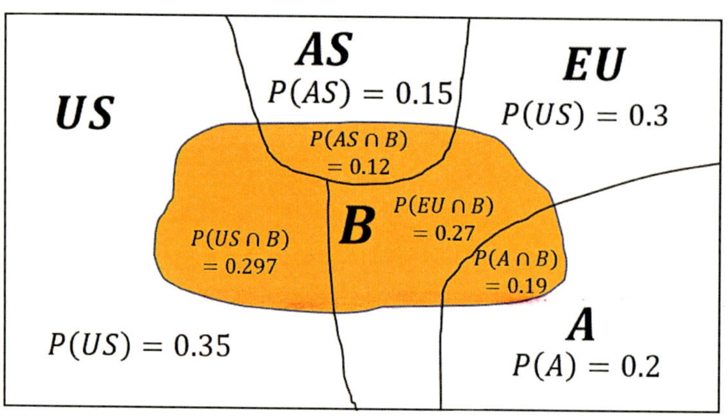

[그림 11] 예3), 베이즈 정리 문제의 벤 다이어그램

예4) 에이즈는 1년에 대한민국 성인 전체 인구 중 1%에게 발생한다. 이 에이즈는 진단하는 검사가 있다. 이 검사에서는 실제 에이즈에 걸린 사람을 97%의 확률로 양성으로 판정하며, 에이즈에 걸리지 않은 사람을 0.5%의 확률로 양성으로 잘못 진단한다. 만약 어떤 사람이 이 검사를 받아 양성으로 진단받았다면, 이 사람이 실제 에이즈에 걸려있을 확률은 얼마일까?

이 예제의 마지막 문장을 보면 어떤 사람이 에이즈 검사를 받아 양성으로 진단을 받았다면, 이 사람이 실제 에이즈에 걸려있을 확률을 구하는 문제라는 것을 알 수 있다. 따라서 어떤 사람이 에이즈 검사에서 양성으로 진단받는 사건을 B, 실제 에이즈에 걸리는 사건을 A라고 정의하자. 그러면 $P(A|B)$를 구하는 문제가 된다. 아래와 같이 사건들의 확률을 구할 수 있다.

A : 어떤 사람이 실제 에이즈에 걸리는 사건

A^C : 어떤 사람이 실제 에이즈에 걸리지 않는 사건

B : 에이즈 진단에서 양성으로 판정되는 사건

$$P(A) = 0.01$$

$$P(A^c) = 0.99$$

$$P(B|A) = 0.97$$

$$P(B|A^c) = 0.005$$

$$\therefore \ P(A|B) = \frac{P(A \cap B)}{P(B)} = \frac{P(A) \cdot P(B|A)}{P(A) \cdot P(B|A) + P(A^c) \cdot P(B|A^c)}$$

$$= \frac{0.01 \times 0.97}{0.01 \times 0.97 + 0.99 \times 0.005} = 0.662$$

즉, 어떤 사람이 에이즈 검사에서 양성으로 판정되었다면, 실제 에이즈에 걸려 있을 확률은 66.2%가 된다. 이 예제를 벤 다이어그램으로 도식화하면 [그림12]와 같다. [그림 12]에서 사건 A 영역의 확률은 0.01이고, 사건 A^c 영역의 확률은 0.99이다. 그리고 $P(A \cap B)$는 0.0097이고, $P(A^c \cap B)$는 0.00495, 따라서 $P(B)$는 0.0147이다.

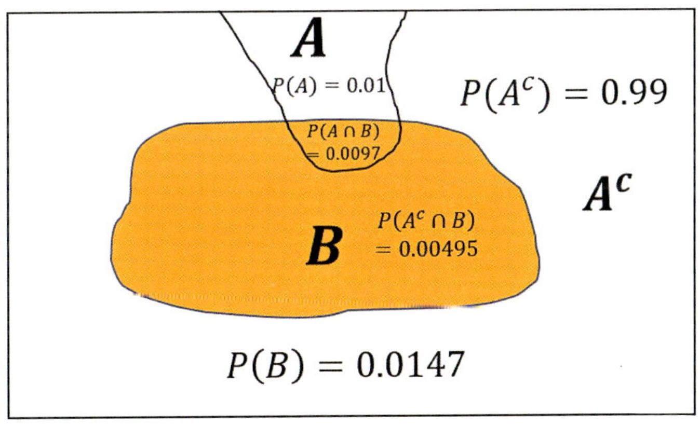

[그림 12] 예4), 베이즈 정리 문제의 벤 다이어그램

3장

확률변수와 통계치

1. 확률변수

확률변수(Random Variable)는 표본공간(Sample Space) 상의 표본점(Sample Point)에 숫자를 부여하여 수량화한 것이다. 따라서 확률변수는 정의가 필요하다. 예를 들어 오백 원 동전을 두 번 던지는 시행에서 확률변수를 앞면이 나오는 횟수로 정의해 보자. 이때 표본공간은 $S = \{(H, H), (H, T), (T, H), (T, T)\}$이고, 각 표본공간 상의 표본점들은 0, 1, 또는 2라는 값을 갖게 된다. (H, H)는 2, (H, T)와 (T, H)는 1, (T, T)는 0이 된다.

확률변수를 일반적으로 대문자 X로 표기하며, $P(X = x)$는 확률변수의 값이 x일 때의 확률을 말한다. 오백원 동전을 두 번 던지는 시행에서 확률변수 X의 값이 각각 0, 1, 2 일 때 확률은 라플라스 확률로 구하면 된다. X가 0인 즉, H가 하나도 없는 표본점은 표본공간 네 개 중 한개 이므로 1/4이고, X가 1인 즉, 앞면이 한 개 있는 표본점은 표본공간 네 개 중 두 개 이므로 2/4가 된다. 그리고 X가 2인 즉, H가 두 개 있는 표본점은 표본공간 네 개 중 한 개 이므로 1/4이 된다. 이를 확률기호로 표현하면 다음과 같다.

$$P(X = 0) = \frac{1}{4}$$

$$P(X = 1) = \frac{2}{4}$$

$$P(X = 2) = \frac{1}{4}$$

이를 그림으로 표현하면 [그림 1]과 같다.

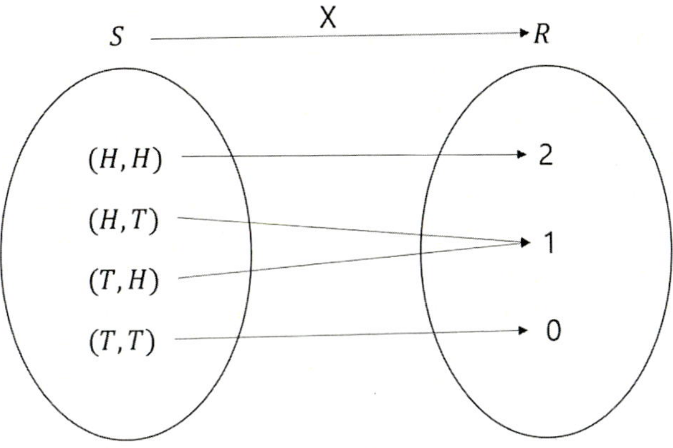

[그림 1] 표본공간에서 표본점을 확률변수 값으로 수치화

다른 예를 들어보자. 주사위을 두 번 던지는 시행에서 눈금의 곱이 6이 되는 확률은 얼마일까? 다시 말해, $P(X = 6)$인 확률을 구하라는 것이다. 이때 주사위를 두 번 던져 눈금의 곱이 6이 되는 사건을 A라고 하면, 사건 A는 다음과 같이 표현할 수 있다.

$$A = \{(i, j) \mid i * j = 6, i, j = 1, 2, 3, 4, 5, 6\}$$

이때 표본공간의 표본점의 수는 36이며, 곱해서 6이 되는 표본점은 (1, 6), (2, 3), (3, 2), (6, 1) 이렇게 네 개의 표본점이 있기 때문에 라플라스 확률에 의해 4/36 즉, 1/9가 된다. 이를 그림으로 표현하면 [그림 2]와 같다.

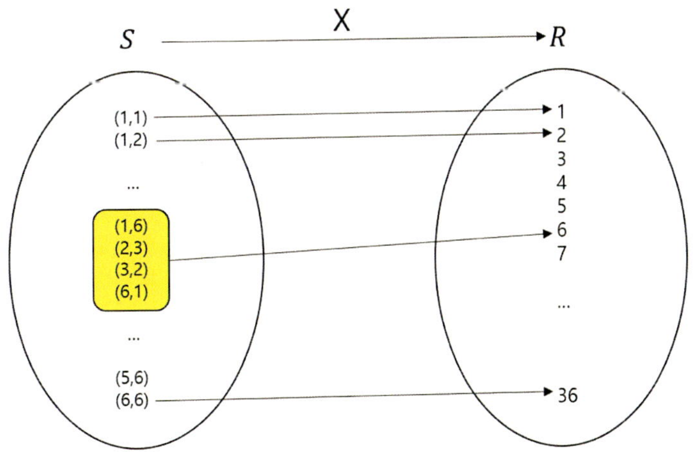

[그림 2] 표본공간에서 표본점을 확률변수 값으로 수치화

2. 이산확률변수와 연속확률변수

확률변수에는 크게 두가지 종류가 있다. 하나는 이산확률변수(Discrete Random Variable)이고, 다른 하나는 연속확률변수(Continuous Random Variable)이다. 영문철자에서도 알 수 있듯이 이산확률변수는 정수와 같이 하나, 둘, 셋, … 이렇게 셀 수 있는(Countable) 변수이다. 반대로 연속확률변수는 소수점으로 표현이 가능해서 셀 수 없는(Uncountable) 변수를 말한다.

예를 들어보자. 대한민국 각 가구의 구성원 수는 정수같이 셀 수 있으므로 이산확률변수이다. 또한 한 대학의 각 학생이 가지고 있는 책의 수는 정수같이 셀 수 있으므로 이산확률변수이다. 반대로 대한민국 성인 남자의 몸무게는 소수점까지 표현할 수 있어 셀 수 없어서 연속확률변수이다. 또한 한 대학의 각 학생의 평균 학점은 소수점으로 표현할 수 있어 셀 수 없기 때문에 연속확률변수다.

이산확률변수는 이산확률분포를 구성하며, 연속확률변수는 연속확률분포를 구성한다. 이들의 분포는 각각 확률질량함수(Probability Mass Function)와 확률밀도함수(Probability Density Function)로 표현할 수 있다. 즉, 이산확률변수가 만드는 분포는 이산확률분포이며, 이는 확률질량함수로 표현이 가능하다. 또한 연속확률변수가 만드는 분포는 연속확률분포이고, 이는 확률밀도함수로 표현이 가능하다.

우선 다음 그림을 통해 이산확률분포와 연속확률분포가 어떻게 다른지 확인해 보자. [그림 3]은 이산확률분포이며, [그림 4]는 연속확률분포이다. 그림에서 X축은 확률변수이며, Y축은 확률을 나타낸다.

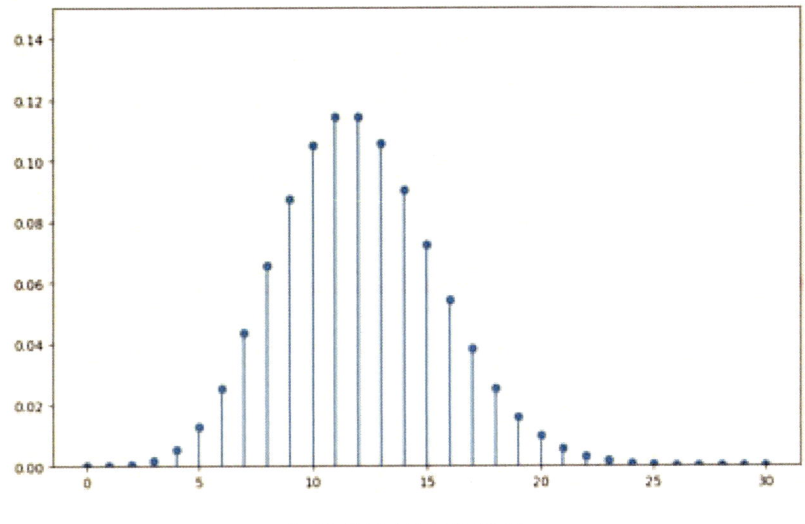

[그림 3] 이산확률분포의 예

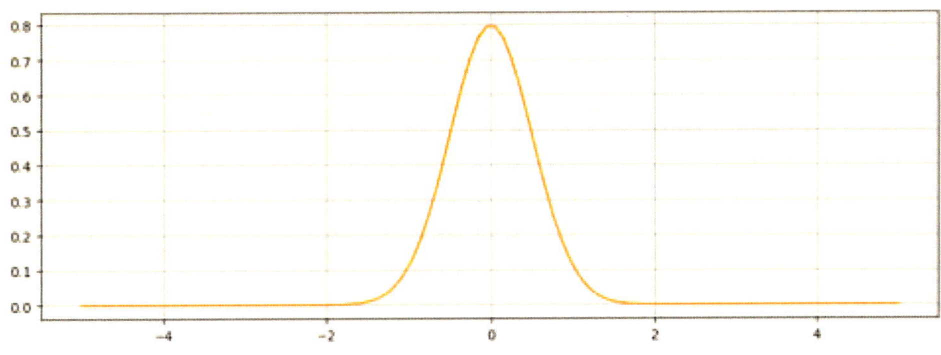

[그림 4] 연속확률분포의 예 (정규분포)

[그림 3] 이산확률분포를 보면, X축의 0부터 30까지 각각 점으로 분포가 이루어져 있고, 각 선의 길이가 확률임을 알 수 있다. 그리고 [그림 4] 연속확률분포를 보년 X축은 연속된 값임을 알 수 있고, 분포가 점이 아닌 선으로 매끄럽게 이어져 있음을 알 수 있다.

그럼 이제 확률질량함수의 성질에 대해 알아보자. 확률질량함수에서 이산확률변수 X가 가질 수 있는 모든 x에 대한 확률은 양수 값을 가지며, 식(1)과 같이 $f_X(x)$로 표현하며, 이는 $P(X = x)$와 같다.

$$f_X(x) = P(X = x) \; - \text{식}(1)$$

또한 전체 확률을 더한 값은 1이 된다. 아래와 같이 각 확률변수에 대한 확률과 전체 확률 합(식(2))을 표현할 수 있다.

$$P(X = x_i) = p_i, \qquad i = 1, 2, \ldots$$

$$\sum_{i=1}^{\infty} p_i = 1 \qquad\qquad - \text{식}(2)$$

이번에는 확률밀도함수의 성질에 대해 알아보자. 확률밀도함수에서 연속확률변수 X가 갖을 수 있는 모든 x에 대한 확률은 $f_X(x) \geq 0$ 즉, 모든 x에 대해 양수 값을 갖는다. 그리고 확률은 분포의 아래 면적을 말한다. 따라서 a에서 b까지의 확률은 식(3)과 같이 확률변수 a부터 b까지 분포의 아래 면적을 구하는 식으로 표현할 수 있다.

$$P(a \leq X \leq b) = \int_a^b f_X(x)dx \; - \text{식}(3)$$

또한 분포 전체의 아래 면적은 1이 된다. 이는 식(4)와 같이 수식으로 표현할 수 있다.

$$\int_{-\infty}^{\infty} f_X(x)dx = 1 \; - \text{식}(4)$$

그럼 연속확률함수에서 연속확률변수 X의 값이 특정 실수값 x일 때의 확률은 얼마일까? 즉, 연속확률함수에서 $P(X = x)$는 얼마일까? 답은 0이다. 이는 연속확률함수에서 X가 어떤 특정한 실수 값에서의 면적은 0이라는 의미다. 왜 그럴까? 연속확률변수 X가 x와 아주 근접한 위치에서 x까지의 확률은 식(3)을 적용하면 면적을 구할 수 있다. 예를 들어, X가 $(x -$ 0.0000001)부터 x까지의 확률은 시작점$(x - 0.0000001)$부터 끝점 x까지 분포의 아래 면적이 된다. 이 면적은 아주 작을 것이다. 만약 시작점을 x에 점점 더 가까이 가져가 보자. 그러면 면적은 점점 더 작아져서 결국 0에 근사할 것이다. 최종적으로 만약 시작점이 x와 같아지면, 면적이 0이 된다. 왜냐하면 시작점 x부터 끝점 x까지의 면적은 없기 때문이다.

이산확률분포에는 어떤 것들이 있는지 알아보자. 이산확률분포 즉, 확률질량함수로 표현되는 것은 아래에 나열하였다. 각 이산확률분포는 다른 장에서 함수의 기본 개념과 예제를 통해 자세히 알아보겠다.

- 베르누이 분포(Bernoulli Distribution)
- 이항 분포(Binomial Distribution)
- 기하 분포(Geometric Distribution)
- 초기하 분포(Hyper-Geometric Distribution)
- 다항 분포(Multinomial Distribution)
- 포아송 분포(Poisson Distribution)

또한 연속확률분포에는 어떤 것들이 있는지 알아보자. 연속확률분포, 즉 확률밀도함수로 표현되는 것은 아래에 나열하였다. 각 연속확률분포는 다른 장에서 함수의 기본 개념과 예제를 통해 자세히 알아보겠다. 연속확률분포는 통계추정과 통계검정, 교차분석, 분산분석, 회귀분석 등을 수행하는 데 필수적으로 알아야 하는 개념이기 때문에 잘 알 필요가 있다.

- 균등 분포(Uniform Distribution)
- 정규 분포(Normal Distribution)
- t - 분포(t - Distribution)
- x^2 - 분포(Chi-squared Distribution)
- 지수 분포(Exponential Distribution)
- F - 분포(F - Distribution)
- 감마 분포(Gamma Distribution)

다른 장에서 각 분포에 대해 자세히 살펴보겠지만, 데이터를 분석하는 사람이나 처음 확률과 통계를 접하는 비전공자들에게 중요한 것은 각 분포의 함수식을 외우는 것이 아니라, 각 분포의 개념을 정확히 이해하고, 어떤 경우에 해당 분포가 어떻게 활용되는지를 잘 알아야 한다는 것이다. 일반적으로 데이터분석을 하기 위한 것이든, 자격증 공부를 하기 위한 것이든, 관련 전공 학생 또는 비전공자가 확률과 통계를 어려워하는 부분은 일반적으로 대부분의 확률 통계에 대한 교재나 책이 이론과 수식 등을 많이 나열해 놓았지만, 정작 개념의 이해나 어떻게 활용되는지에 대해서는 내용이 부족해서 일 것이다. 저자는 이를 극복하기 위해 개념을 이해시키는데, 많은 시간을 할애했으며, 많은 예제를 통해 어떻게 활용되는지에 대해서도 자세히 설명하여 독자들이 쉽게 이해할 수 있도록 하였다.

3. 확률변수의 기댓값과 분산

기댓값(Expected Value)은 모든 확률변수 X와 이에 대응하는 각각의 확률값을 곱하여 모두 더한 값이다. 수식으로 표현하면 식(5)와 같다.

$$E(X) = \sum_{x \in X(S)} x \times P(X = x) \text{ --- 식}(5)$$

식(5)에서 $X(S)$는 모든 확률변수를 말한다. 그럼 예를 들어 보겠다. A라는 어떤 게임에서는 동전 2개를 던져서 앞면이 두 번 나오면 천만 원의 상금을 주고, 앞면이 한번 나오면 오백만 원의 상금을 준다. 하지만 앞면이 한 번도 나오지 않으면, 오백만 원을 잃는다. 독자는 이 게임을 하겠는가? 아마도 많은 독자가 이 게임을 하지 않을 가능성이 있다. 왜냐하면 대부분의 사람은 안전성향을 가지고 있기 때문이다. 그럼 이 게임을 할 때 기대상금은 얼마일까? 기대상금에서의 확률변수 X는 상금이다. 식(5)에 적용하면 기대상금은 다음과 같다.

$$\text{기대상금} = \left(10{,}000{,}000 \times \frac{1}{4}\right) + \left(5{,}000{,}000 \times \frac{2}{4}\right) + \left(-5{,}000{,}000 \times \frac{1}{4}\right)$$

$$= 3{,}750{,}000$$

이번에는 두 주사위 동시에 던졌을 때 두 주사위의 눈금의 합에 대한 기댓값은 얼마일까? 이때 확률변수 X는 두 주사위의 눈금의 합이다. 아래와 같이 구하면 된다.

$$\text{기댓값} = \left(2 \times \frac{1}{36}\right) + \left(3 \times \frac{2}{36}\right) + \left(4 \times \frac{3}{36}\right) + \left(5 \times \frac{4}{36}\right) + \left(6 \times \frac{5}{36}\right) + \left(7 \times \frac{6}{36}\right) +$$

$$\left(8 \times \frac{5}{36}\right) + \left(9 \times \frac{4}{36}\right) + \left(10 \times \frac{3}{36}\right) + \left(11 \times \frac{2}{36}\right) + \left(12 \times \frac{1}{36}\right)$$

$$= 7$$

확률변수의 기댓값은 일반적인 평균(Mean)과 어떤 차이가 있을까? 아래 식(6)은 일반적인 평균을 구할 때 사용하는 수식이다.

$$\bar{X} = \sum_{i=1}^{n} x_i \times \frac{1}{n} \; - \; 식(6)$$

식(5)와 식(6)의 차이점은 확률에 있다. 모든 X에 대해서는 같은 의미이며, 차이 나는 부분은 평균은 모든 X의 값에 대해 1/n을 곱해주는 반면, 확률변수의 기댓값은 각각 확률변수 X의 값에 해당하는 확률을 곱해준다. 만약 모든 X 값의 확률이 1/n로 같다고 가정하면, 확률변수의 기댓값과 평균은 같다고 할 수 있다. 따라서 확률변수의 기댓값, $E(X)$를 평균이라고도 부른다.

그럼 이제 확률변수 기댓값의 특성에는 어떤 것들이 있는지 살펴보자. 아래는 확률변수 기댓값의 특성을 나열한 것이다. 식(5)에 각각을 대입하면 쉽게 구할 수 있을 것이다. 이는 독자분들이 직접 해보길 바란다.

$$\cdot \; E(X + Y) = E(X) + E(Y)$$

$$\cdot \; E(aX) = a \cdot E(X)$$

$$\cdot \; E(aX + bY) = E(aX) + E(aY)$$

$$\cdot \; E(XY) = E(X) \cdot E(Y)$$

위 식에서 4번째 식은 두 확률변수, X, Y가 독립일 때 가능하다.

확률변수의 분산(Variance)은 각각의 확률변수 X가 기댓값($E(X)$)에서 평균적으로 얼마나 떨어져 있는지를 알기 위한 지표다. 수식으로 표현하면 식(7)과 같다.

$$V(X) = E[(X - E(X))^2] \; - \; 식(7)$$

[그림 5]의 XY좌표상의 5개의 데이터를 통해 분산과 표준편차의 개념을 설명한다.

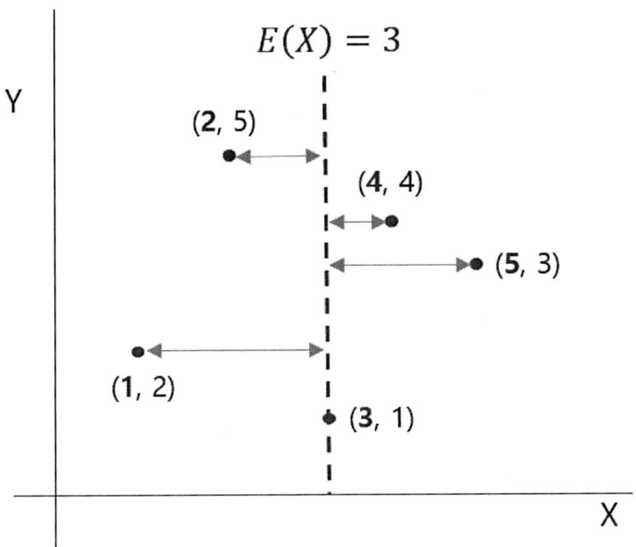

[그림 5] XY좌표상 5개의 점과 평균, 분산개념

[그림 5]에서 X값의 평균, $E(X)$는 3이다. 양쪽 화살표들은 각 점이 $E(X)$에서 얼마나 떨어져 있는지를 나타낸다. (3, 1)은 X의 평균이 3이므로 평균에서 떨어져 있는 거리는 0이다. 양쪽 화살표의 길이를 제곱하여 모두 더한 후 5로 나누면 이것이 X의 분산 즉, $V(X)$가 된다. 혹자는 제곱하여 더하지 말고 화살표 길이를 그냥 모두 더한 후 5로 나누면 5개의 각 점이 평균적으로 평균에서 얼마나 떨어져 있는지 알 수 있다고 생각할 수 있다. 맞는 생각이지만, 수식에서 $X - E(X)$를 하게 되면, (1, 2)의 경우 음수가 나올 수 있다. 이러한 이유로 인해 $X - E(X)$를 제곱하여 모두 더한 후 5로 나눈 것이다. 분산을 구한 후 이 분산의 양의 제곱근을 구하면 (분산에 $\sqrt{\ }$를 씌우면) 각 5개의 점이 평균적으로 평균에서 얼마나 떨어져 있는지를 알 수 있다. 이것이 바로 표준편차이다. 표준편차는 σ로 표현하며, 식(8)과 같이 분산의 양의 제곱근을 구하면 표준편차가 된다.

$$\sigma = \sqrt{V} \quad - \text{식(8)}$$

분산 수식 즉 식(7)을 전개하면 다음과 같다.

$$V(X) = E[(X - E(X))^2]$$

$$= E[X^2 - 2XE(X) + [E(X)]^2]$$

$$= E(X^2) - 2E(X)E(X) + [E(X)]^2$$

$$= E(X^2) - [E(X)]^2$$

위에서 전개한 식을 보면 분산은 X^2에 대한 기댓값을 구한 후 X에 대한 기댓값의 제곱을 뺀 값과 같다.

4. 확률변수의 공분산과 상관계수

분산에 대해 얘기했으니, 이제 공분산(Covariance)에 대해 이야기해 보자. 공분산은 두 개의 확률변수 간에 어떠한 상관관계가 있는지 측정하는 통계적 지표이다. 두 개의 확률변수를 X, Y라고 할 때 식(9)는 공분산을 수식으로 표현한 것이다.

$$Cov(X, Y) = E[(X - E(X))(Y - E(Y))] \; - \; 식(9)$$

분산의 경우, 하나의 변수에 관한 것인데, 공분산은 두개의 변수에 관한 것이다.

공분산에서 X가 증가할 때 Y도 증가하면 양의 공분산이라고 하며, X가 증가할 때 Y는 감소하면 음의 공분산이라고 한다. 만약, X, Y 간에 상관관계가 전혀 없다면, 공분산은 0이 된다. [그림 6]을 통해 공분산 구하는 방법과 양의 공분산과 음의 공분산에 대해 자세히 설명하겠다.

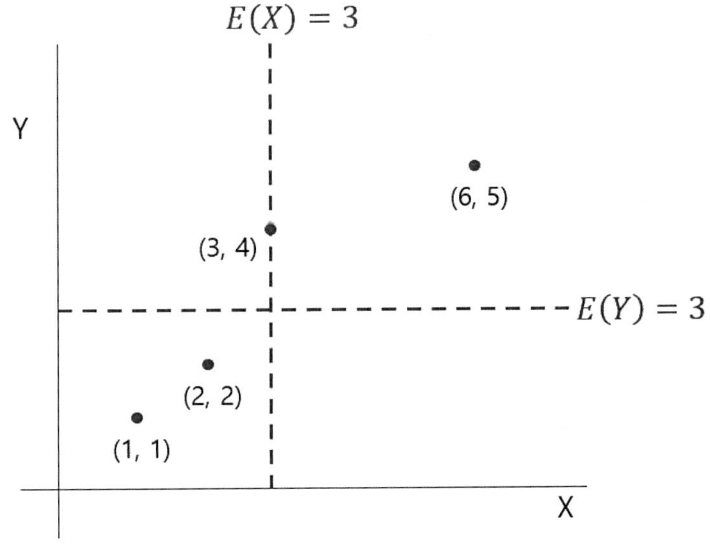

[그림 6] XY좌표상 4개의 점과 공분산 개념

[그림 6]과 같이 점 4개가 있다고 가정하자. 이때 변수 X, Y간 상관관계를 나타내는 공분산을 구해보자. 우선 X의 평균은 3이고, Y의 평균도 3임을 알 수 있다. 식(9)에 각 점의 좌표값을 넣어서 계산하면 아래와 같다.

$$Cov(X,Y)$$

$$= [(1-3)(1-3) + (2-3)(2-3) + (3-3)(4-3) + (6-3)(5-3)]/4$$

$$= (4+1+0+6)/4$$

$$= 11/4$$

$$= 2.75$$

공분산이 2.75이기 때문에 양의 상관관계임을 알 수 있다. 계산식에서 3번째 줄에서 각 점이 4, 1, 0, 6이 나왔다는 것은 X가 증가할 때 Y도 증가한다는 의미다.

다음은 [그림 7]을 통해 두 변수가 음의 상관관계일 때의 계산을 수행해 보겠다.

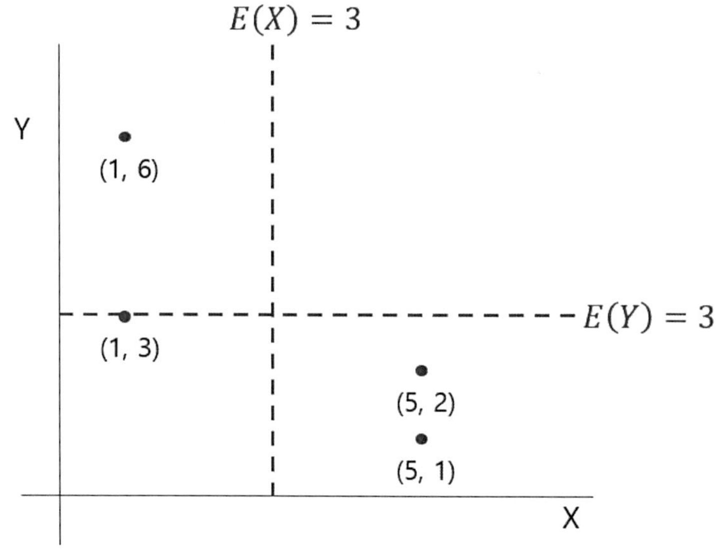

[그림 7] XY좌표상 4개의 점과 공분산 개념

[그림 기과 같이 점 4개가 있다고 가정하자. 이때 변수 X, Y간 상관관계를 나타내는 공분산을 구해보자. 우선 X의 평균은 3이고, Y의 평균도 3임을 알 수 있다. 식(9)에 각 점들의 좌표값을 넣어서 계산하면 아래와 같다.

$$Cov(X, Y)$$

$$= [(1-3)(3-3) + (1-3)(6-3) + (5-3)(1-3) + (5-3)(2-3)]/4$$

$$= (0 + (-6) + (-4) + (-2))/4$$

$$= -12/4$$

$$= -3$$

공분산이 -3이기 때문에 음의 상관관계임을 알 수 있다. 계산식 세번째 줄에서 각 점이 0, -6, -4, -2가 나왔다는 것은 X가 증가할 때 Y는 감소한다는 의미다.

아래 표는 어떤 시험에서 6명에 대한 국어와 수학을 나타낸 표이다. 국어성적과 수학성적간의 상관관계를 나타내는 공분산을 독자들이 직접 구해보기 바란다.

[표 1] 6명에 대한 국어성적과 수학성적

구분	김군	박군	이군	권군	최군	장군
국어성적	60	70	50	75	85	95
수학성적	80	85	65	70	80	90

공분산은 그 크기만으로 상관관계의 강도를 파악하기 어렵다. 위에서 좌표의 점들의 에에서 공분산은 2.73과 -3이 나왔다. 하지만, [표 1]의 결과는 그보다는 훨씬 큰 값이 나올 것이다. 그러면 성적에 대한 공분산이 좌표의 점들 예에서의 공분산보다 더 큰 걸까? 아니다. 이는 각 문제의 단위 스케일(Scale)이 다르기 때문이다. 그러면 이제 공분산으로 양의 상관관계, 음의 상관관계, 상관관계가 없다와 같은 내용을 파악할 수 있는데, 각 문제의 단위 스케일에 상관없이 두 변수 간의 상관관계의 강도를 파악하기 위해서는 어떻게 해야 할까?

이를 파악하기 위해서는 두 변수 간의 상관계수(Correlation Coefficient)를 계산하면 된다. 상관계수를 구하는 수식은 식(10)과 같이 표현할 수 있다.

$$\rho_{XY} = \frac{E[(X - \mu_X)(Y - \mu_Y)]}{\sigma_X \sigma_Y} \; - \; 식(10)$$

식(10)을 보면 공분산을 각 변수의 표준편차를 곱해서 나누어 준 것을 알 수 있다. 이렇게 하면 변수들 간의 단위 스케일을 정규화(Standardizing)할 수 있고, ρ_{XY}는 식(11)과 같이 -1부터 1 사이의 값을 갖는다.

$$-1 \leq \rho_{XY} \leq 1 \; - \; 식(11)$$

식(11)에서 상관계수가 1이라는 의미는 강한 양의 상관관계이며, -1이라는 의미는 강한 음의 상관관계를 말한다. 상관계수가 0이라는 의미는 두 변수간 전혀 상관관계가 없다는 의미다.

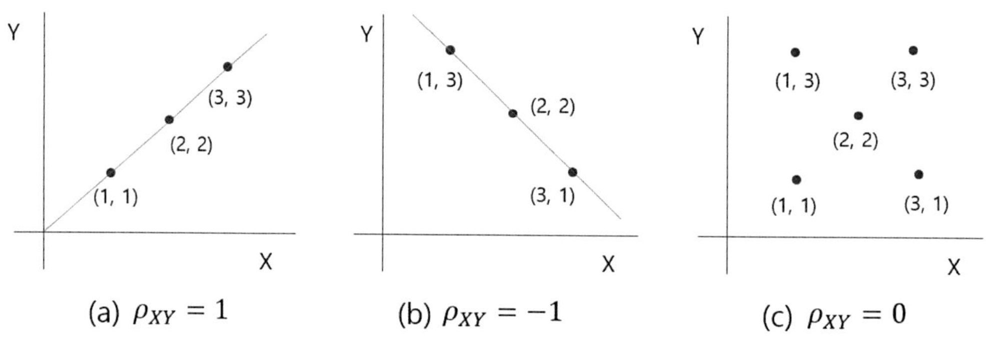

[그림 8] 상관계수, ρ_{XY}가 1, -1, 0인 경우

[그림 8]은 상관계수가 1, -1, 0인 경우를 그림으로 표현해 보았다. 그림에서 (c)의 경우 공분산이 0이 되어, 상관계수도 0이 된다. [그림 8]에서 각 데이터들이 $y = x$라는 그래프 방향으로 분포되어 있으면 양의 상관계수, $y = -x$라는 그래프 방향으로 분포되어 있으면 음의 상관계수를 갖는다는 것을 알 수 있다. 또한 데이터들이 아무런 규칙없이 랜덤하게 흩어져 있으면 상

관계수가 0에 가깝다는 것을 알 수 있다.

아래 코드는 파이썬 코드를 이용해 [그림 8]의 상관계수를 구해 본 것이다.

[그림 8]의 (a), 파이썬으로 상관계수 구하기

```python
import numpy as np
X = np.array([1, 2, 3])
Y = np.array([1, 2, 3])
Correlation = np.corrcoef(X,Y)[0,1]
print(Correlation)
```

```
1.0
```

[그림 8]의 (b), 파이썬으로 상관계수 구하기

```python
import numpy as np
X = np.array([1, 2, 3])
Y = np.array([3, 2, 1])
Correlation = np.corrcoef(X,Y)[0,1]
print(Correlation)
```

```
-1.0
```

[그림 8]의 (c), 파이썬으로 상관계수 구하기

```python
import numpy as np
X = np.array([1, 1, 2, 3, 3])
Y = np.array([1, 3, 2, 1, 3])
Correlation = np.corrcoef(X,Y)[0,1]
print(Correlation)
```

```
0.0
```

이산확률분포

이번 장에서는 3장에서 언급한 각 이산확률분포에 대해 자세히 알아보겠다. 많은 예제를 통해 각 분포의 개념을 정확히 이해하기 바란다.

1. 베르누이 분포(Bernoulli Distribution)

어떤 시행에서 성공의 확률이 p이고 한 번의 시행으로 성공과 실패가 결정되는 경우, 이를 베르누이 시행이라고 하며, 이때의 분포를 베르누이 분포라고 한다. 다시 말해 베르누이 분포는 한 번 시행한 결과, 성공하면 p이고, 실패하면 $1 - p$인 분포이다. 베르누이 분포함수의 수식과 분포의 평균, 분산은 아래와 같다.

$$P(X = x) = p^x(1 - p)^{1-x}, \quad x = 0 \ or \ 1$$

$$\cdot \ E(X) = p$$

$$\cdot \ V(X) = p(1 - p)$$

예를 들어, 어떤 사람이 자격증 시험을 본다고 하자. 자격증 시험에 합격할 확률 p는 0.7이면, 불합격할 확률 $1 - p$는 0.3이 된다. 만약 이 사람이 한 번 시험에 응시해서 합격하면 $P(X = 1) = 0.7$, 불합격하면 $P(X = 0) = 0.3$이 된다. 일반적으로 실패할 확률인 $1 - p$를 q로 쓰기도 한다.

2. 이항 분포(Binomial Distribution)

이항 분포는 n번의 베르누이 시행에서 k번이 성공할 확률의 분포이다. 이항 분포함수의 수식과 분포의 평균, 분산은 다음 식(1)과 같다.

$$P(X = k) = \binom{n}{k} p^k (1-p)^{n-k}, \quad x = 0,\ 1,\ 2,\ \dots,\ n \ -\ \text{식(1)}$$

$$\cdot\ E(X) = np$$

$$\cdot\ V(X) = np(1-p)$$

예를 들어보자. 오백원 동전을 다섯번 던져서 앞면이 두번 나올 확률은 얼마일까? 동전을 던지는 시행은 베르누이 시행이므로, 이 분포는 이항분포를 따른다. 다섯번의 시행에서 두번 앞면이 나올 확률을 구하는 것이므로, n은 5이고, k는 2이다. 그리고 앞면이 나올 확률은 0.5이므로, p는 0.5, $1 - p$도 0.5가 된다. 이 값들을 식(1)에 대입하면 다음 결과와 같다.

$$P(X = 2) = \binom{5}{2} 0.5^2 (0.5)^3$$

조합의 수(Combination)를 계산하는 식은 식(2)와 같다.

$$\binom{n}{k} = \frac{n!}{(n-k)!\,k!} \ -\ \text{식(2)}$$

따라서 식(2)를 적용하면 예제는 아래와 같이 계산할 수 있다.

$$= \frac{5!}{3!\,2!} 0.5^2 0.5^3$$

$$= 0.313$$

위 예제에서 이항분포의 함수식이 왜 식(1)과 같은지에 대해 알아보자. 우선 5번 시행에서 2번 앞면이 나오는 한 가지 경우만을 생각해 보자. 이 한 경우가 (앞, 앞, 뒤, 뒤, 뒤)라고 하자. 그러면 이 경우가 나올 확률은 5번의 시행 모두 독립사건이므로 0.5를 5번 곱한 값이 된다. 그런데, 5번 시행에서 앞면이 2번 나오는 경우가 이 한 경우만 있을까? 아래에 이러한 경우를 모두 나열해 보았다.

$$(앞, 앞, 뒤, 뒤, 뒤)$$
$$(앞, 뒤, 앞, 뒤, 뒤)$$
$$(앞, 뒤, 뒤, 앞, 뒤)$$
$$(앞, 뒤, 뒤, 뒤, 앞)$$
$$(뒤, 앞, 앞, 뒤, 뒤)$$
$$(뒤, 앞, 뒤, 앞, 뒤)$$
$$(뒤, 앞, 뒤, 뒤, 앞)$$
$$(뒤, 뒤, 앞, 앞, 뒤)$$
$$(뒤, 뒤, 앞, 뒤, 앞)$$
$$(뒤, 뒤, 뒤, 앞, 앞)$$

모든 경우의 수를 나열해 보면, 10개가 나온다. 식(2)에서 5개에서 2개를 뽑는 조합의 수는 즉, $\binom{5}{2}$는 10이 되어, 위에 나열한 모든 경우의 수와 같음을 알 수 있다. 그리고 각각의 경우가 나올 확률은 모두 같으므로 최종 확률은 하나의 경우가 나올 확률에 10을 곱해주면 된다.

예제 문제를 몇개 더 풀어보겠다. 앞장에서 언급했듯이, 이항분포를 충분히 이해하고 있다면, 추가 예제를 풀어볼 필요는 없다. 그러나 아직도 이해가 안되거나, 조금 부족하다고 생각되면 이해될 때까지 추가 예제를 풀어 보길 바란다.

예1) 철수가 어떤 게임에서 돈을 딸 확률은 0.3이다. 철수가 해당 게임을 5번 시도해서 3
번 돈을 딸 확률은 얼마일까?

이 예제에서 각 변수의 값과 확률은 다음과 같다.

$$n = 5, \ k = 3, \ p = 0.3, \ 1 - p = 0.7$$

이것을 식(1)에 대입하면, 다음과 같다.

$$P(X = 3) = \binom{5}{3} 0.3^3 (0.7)^2$$

$$= 0.132$$

다시 말해, 철수가 5번 게임을 해서 3번 돈을 딸 확률은 13.2%이다.

예2) 로또는 1번부터 45번이 쓰여진 공 중 6개를 랜덤으로 뽑아 상금을 주는 방식으로
진행된다. 만약 어떤 사람이 로또를 샀는데 랜덤하게 뽑은 6개의 번호 중 4개가 일
치하면 4등이 된다. 4등이 될 확률은 1/733이다. 어떤 사람이 로또를 5번 사서 4등
에 한번 당첨될 확률은 얼마일까?

이 예제는 로또복권 문제로, 로또를 5번 살 경우 한 번 4등에 당첨될 확률을 묻는 문제이
다. 저자도 오래전에 로또 4등에 한 번 당첨된 적이 있는데, 세금 제하고 가족이 한 끼 식사할
정도의 상금을 받았던 기억이 있다. 그럼 로또에서 4등에 당첨될 확률 1/733은 어떻게 계산
된 것일까? 이것은 다음에 다루게 될 초기하분포에서 자세히 설명하겠다. 4등 당첨 확률을
구하는 함수가 초기하분포의 함수이기 때문이다.

다시 예제로 돌아와서, 이 예제의 변수와 확률은 다음과 같다.

$$n = 5, \ k = 1, \ p = \frac{1}{733}, \ 1 - p = 1 - 1/733$$

이것을 이항분포의 함수의 수식인 식(1)에 대입하면, 다음과 같다.

$$P(X = 1) = \binom{5}{1}\left(\frac{1}{733}\right)^1\left(1 - \frac{1}{733}\right)^4$$

$$= 0.001357$$

즉, 로또를 다섯 번 사서 1번 4등에 당첨될 확률은 0.1357%라는 말이다. 0.1%는 1000개 중 1개라는 의미이므로 1000번 로또를 사야 1번 정도 4등에 당첨된다는 의미다.

예3) 박군이 늦잠을 자서 학교 첫 수업에 지각할 확률은 5%라고 한다. 이번 한달동안 박군의 첫 수업은 10번인데, 이 중 2번 지각할 확률은 얼마일까?

이 예제에서 변수와 확률은 다음과 같다.

$$n = 10, \ k = 2, \ p = 0.05, \ 1 - p = 0.95$$

이것을 이항분포의 함수의 수식인 식(1)에 대입하면, 다음과 같다.

$$P(X = 2) = \binom{10}{2}(0.05)^2(0.95)^8$$

$$= 0.001576$$

다시 말해, 박군이 10번 중 2번 지각할 확률은 0.1576%로 매우 낮은 확률이다.

조합의 수에 대해 좀 더 이야기해보자. 이항분포의 함수식에 있는 Combination은 순서를 고려하지 않고 조합의 수를 계산한다. 순서를 고려하여 조합의 수를 계산하는 방식은 Permutation이라고 한다. 만약 1, 2, 3 세개의 숫자 중 두 개를 뽑는 경우의 수는 3이다. 즉, (1, 2), (1, 3), (2, 3)이다. 이것이 바로 순서를 고려하지 않고 조합의 수를 계산하는 Combination으로 일반적으로 nCr 또는 $\binom{n}{r}$ 로 표현하며, 이때 n은 전체의 개수, r은 뽑는 개수다. 만약 1, 2, 3 세 개의 숫자 중 순서를 고려하여 두 개를 뽑는 경우의 수는 6이다. 즉, (1, 2), (2, 1), (1, 3), (3, 1), (2, 3), (3, 2)가 된다. 이렇게 순서를 고려하여 조합의 수를 계산하는 것을 Permutation이라고 하며, 일반적으로 nPr로 표현한다. Permutation의 계산식은 다음과 같다.

$$nPr = \frac{n!}{(n-r)!}$$

3. 다항 분포(Multinomial Distribution)

다항 분포는 이항 분포의 연장선상에 있다고 볼 수 있다. 용어에서도 알 수 있듯이 이항 분포는 성공 또는 실패, 합격 또는 불합격, 양품 또는 불량품과 같이 시행의 결과가 둘 중 하나인 경우의 확률분포이다. 다항 분포가 이항분포와 다른 점은 시행의 결과가 3가지 이상인 경우의 확률분포라는 것이다. 예를 들어 윷놀이는 시행의 결과가 5가지 중 하나이며, 3개의 서버 중 하나의 서버로부터 서비스를 받는 경우, 4개의 항공사 중 도착하는 비행기의 항공사가 결과인 경우 등, 다양한 현실 문제는 다항 분포를 따른다. 물론 이때 이항 분포와 같이, 각 시행은 독립이어야 한다.

다항 분포함수의 수식은 식(3)과 같다.

$$P(X = x,\ Y = y,\ Z = z) = \frac{n!}{x!\,y!\,z!}p_1^x p_2^y p_3^z,\quad x + y + z = n \ - \ \text{식(3)}$$

식(3)은 시행의 결과가 3가지인 경우이며, 4가지 이상일 때는 식(3)을 확장해서 적용하면 된다. 식(3)에서는 3가지의 결과, 즉 X, Y, Z가 발생할 확률은 각각 p_1, p_2, p_3이며, n번 시행했을 때 X, Y, Z가 발생하는 횟수는 각각 x, y, z라고 했을 때의 확률을 계산하는 식이다. 식(3)에서 $\frac{n!}{x!y!z!}$ 은 경우의 수이며, $p_1^x p_2^y p_3^z$ 은 하나의 경우에 대한 확률이다. 즉 $\frac{n!}{x!y!z!}$ 은 n번 시행했을 때 X가 x번, Y가 y번, Z가 z번 발생하는 경우의 수다. 왜 이런 수식이 나오는지에 대해서는 예를 통해 설명하겠다.

예를 들어 주머니에 10개의 공이 들어 있다고 하자. 10개의 공 중 빨간 공은 4개, 파란 공은 3개, 노란 공은 3개다. 주머니에 손을 넣고 랜덤하게 7개의 공을 꺼낼 때(각 공을 꺼내는 사건은 독립이라고 가정하자.) 빨간 공이 2개, 파란 공이 2개, 노란공이 3개 나올 확률은 얼마일까?

예제에서 변수와 확률은 다음과 같다.

$$n = 7$$

$$x = 2, \ y = 2, \ z = 3$$

$$p_X = 0.4, \ p_Y = 0.3, \ p_Z = 0.3$$

이를 식(3)에 대입하면 다음과 같다.

$$P(X = 2, Y = 2, Z = 3) = \frac{7!}{2! \, 2! \, 3!} 0.4^2 0.3^2 0.3^3$$

$$= 0.082$$

다시 말해, 7번 시행에서 빨간 공이 2개, 파란 공이 2개, 노란 공이 3개 나올 확률은 8.2%라는 말이다.

이 예제에서 경우의 수는 210개가 나왔다. 경우의 수가 왜 $\frac{7!}{2!2!3!}$ 이 되는지 확인해 보자. 우선 노란 공이 3개 나오는 경우를 하나 생각해 보자. 빨강, 파랑, 노랑을 편의상 R, B, Y로 쓰겠다. 그러면 (Y, Y, Y, R, R, B, B)가 하나의 경우일 것이다. 이것 말고, 이항 분포에서 Combination으로 구하면 $\binom{7}{3}$ 이 되어, 35가지다. 이제 처음 Y가 3번 나온 것은 그대로 두고, 나머지 4자리 중 R이 두 번 나오는 경우를 생각해보면 $\binom{4}{2}$ 즉, 6가지가 된다. 마지막으로 두 자리에 B가 두 번 나오는 경우는 $\binom{2}{2}$ 즉, 1가지가 된다. 다시 말해, 7번 시행에서 Y가 3번, R이 2번, B가 2번 나오는 경우의 수는, 다음과 같이 이를 모두 곱하면 된다.

$$\frac{7!}{4! \, 3!} \times \frac{4!}{2! \, 2!} \times \frac{2!}{2! \, 0!}$$

$$= \frac{7!}{3! \, 2! \, 2!} = 210$$

이제 수식으로 이를 확인해 보자. 식(3)에서 $x + y + z = n$이므로 다음이 성립한다.

$$y = n - x - z$$

$$z = n - x - y$$

n개 중에서 x개를 뽑는 경우의 수는 $\binom{n}{x}$, 이 한 경우에 대해 다시 남은 자리 $(n - x)$개에서 y를 뽑는 경우의 수는 $y = n - x - z$ 이므로 $\binom{n - x}{n - x - z}$, 또 이 한 경우에 대해 남은 자리 $(n - x - y)$개에서 z개를 뽑는 경우의 수는 $z = n - x - y$ 이므로 $\binom{n - x - y}{n - x - y}$이다. 이 세 개의 경우의 수를 곱하면 $\dfrac{n!}{x!y!z!}$이 된다.

이제 조금 더 많은 예제를 통해 다항 분포를 이해해 보자

예1) 윷놀이에서 도가 나올 확률은 15%, 개는 35%, 걸은 35%, 윷은 13%, 모는 2%라고 한다. 이군이 다섯번 윷을 던져서 도가 1번, 개가 2번, 윷이 1번, 모가 1번 나올 확률은 얼마일까? (편의상 한 번, 두 번을 1번, 2번 식으로 쓰겠다.)

이 예제는 윷놀이 예제로 윷을 던지는 것이 시행이 되고, 시행의 결과로 나올 수 있는 총 가지 수는 5개다. 도를 D, 나오는 횟수는 d, 개를 K, 나오는 횟수는 k, 걸을 G, 나오는 횟수는 g, 윷을 Y, 나오는 횟수는 y, 모를 M, 나오는 횟수는 m이라고 하자. 그러면 이 예제의 변수와 확률은 다음과 같다.

$$n = 5$$

$$d = 1, \ k = 2, \ g = 0, \ y = 1, \ m = 1$$

$$p_D = 0.15, \ p_K = 0.35, \ p_G = 0.35, \ p_Y = 0.13, \ p_M = 0.02$$

이를 식(3)에 대입하면 다음과 같다.

$$P(D = 1, K = 2, G = 0, Y = 1, M = 1)$$

$$= \frac{5!}{1!\,2!\,0!\,1!\,1!}\,0.15^1 0.35^2 0.35^0 0.13^1 0.02^1$$

$$= 0.0029$$

다시 말해, 이군이 윷놀이에서 윷을 다섯 번 던져서 도가 1번, 개가 2번, 윷이 1번, 모가 1번 나올 확률은 0.29%로 매우 낮다.

예3) 동네 은행에는 데스크에서 서비스하는 여직원이 3명 있다. 은행에 도착하면 번호표를 뽑고 대기하다가, 서비스가 가장 먼저 끝난 직원으로부터 서비스를 받는다. 어떤 사람이 이 은행에 갔을 경우, A직원에게 서비스를 받을 확률은 40%이고, B직원은 35%, C직원은 25%라고 하자. 박군은 이번 달에 다섯 번 이 은행에 가서 서비스를 받았다. 박군이 간 다섯 번 중 A직원에게 3번, B직원에게 1번, C직원에게 1번 서비스를 받을 확률은 얼마일까?

이 예제는 박군이 은행 서비스를 받는 것이 시행되고, 시행 결과는 3가지 즉, A직원으로부터 서비스 받는 경우, B직원으로부터 서비스 받는 경우, 그리고 C직원으로부터 서비스 받는 경우이다. A직원으로부터 서비스 받는 경우를 A, 서비스 횟수는 a, B직원으로부터 서비스 받는 경우를 B, 서비스 횟수는 b, C직원으로부터 서비스 받는 경우를 C, 서비스 횟수는 c라고 하자. 그러면 이 예제의 변수와 확률은 다음과 같다.

$$n = 5$$

$$a = 3, \quad b = 1, \quad c = 1$$

$$p_A = 0.4, \quad p_B = 0.35, \quad p_C = 0.25$$

이를 식(3)에 대입하면 다음과 같다.

$$P(A = 3, B = 1, C = 1)$$

$$= \frac{5!}{3!\,1!\,1!} 0.4^3 0.35^1 0.25^1$$

$$= 0.112$$

다시 말해, 박군이 은행에 가서 받은 다섯번의 서비스 중 A직원으로부터 3번, B직원으로부터 1번, C직원으로부터 1번 서비스를 받을 확률은 11.2%이다.

예4) 월요일 오전 9시에서 10시사이 청주공항에는 3개의 항공사에서 비행기가 도착한다. 이 시간대에 제주항공 비행기가 도착할 확률은 38%, 티웨이항공 비행기가 도착할 확률은 32%, 진에어항공 비행기가 도착할 확률은 30%라고 한다. 이 시간대에 10대의 비행기가 도착했는데, 제주항공이 5대, 티웨이항공이 3대, 진에어항공이 2대일 확률은 얼마일까?

이 예제는 월요일 오전 9시부터 10시까지 청주공항에 비행기가 도착하는 것이 시행이며, 시행의 결과는 도착한 비행기의 항공사 이름이다. 제주항공을 J, 도착한 비행기 수를 j, 티웨이항공을 T, 도착한 비행기 수를 t, 진에어항공을 JA, 도착한 비행기 수를 ja라고 하자. 그러면 이 예제의 변수와 확률은 다음과 같다.

$$n = 10$$

$$j = 5, \quad t = 3, \quad ja = 2$$

$$p_J = 0.38, \quad p_T = 0.32, \quad p_{JA} = 0.3$$

이를 식(3)에 대입하면 다음과 같다.

$$P(J = 5, T = 3, JA = 2)$$

$$= \frac{10!}{5!\,3!\,2!} 0.38^5 0.32^3 0.3^2$$

$$= 0.0589$$

다시 말해, 월요일 오전 9시부터 10시 사이 청주공항에 도착한 비행기 10대 중 제주항공 비행기가 5대, 티웨이항공 비행기가 3대, 진에어항공 비행기가 2대 도착할 확률은 5.89%이다.

4. 기하 분포(Geometric Distribution)

기하 분포는 베르누이 시행에서 처음으로 성공이 나올 때까지 k번 실패할 확률 분포다. 다시 말해, k번의 실패 후 k+1번째 성공할 확률 분포이다. 기하 분포함수의 수식은 식(4)와 같다.

$$P(X = k) = p(1 - p)^k, \ \ k = 0, \ 1, \ 2, \ ..., \ n \ — \ 식(4)$$

기하 분포는 기하수열(Geometric Sequence)에서 유래했다. 기하수열은 어떤 수 a에 공비 r을 계속 곱하는 수열로, 식(4)에서 어떤 수를 p, 공비를 (1 - p)라고 하면, 어떤 수 p에 공비 (1 - p)를 k번 곱하는 것이 된다. 기하 분포는 분포함수식이 간단하여 이해하기 쉽다.

간단한 예제를 들어 보자. 어떤 공장에서 A제품을 생산한다. 이 공장에는 완제품 생산이후 최종 검사라인이 있다. 이 검사는 컨베이어 벨트에 완제품이 흘러가며, 검사원이 하나씩 육안으로 검사하는 공정이다. 이 검사공정에서 검사원은 제품을 양품, 불량품으로 분류한다. 이 공장에서 A제품의 불량률은 4%라고 한다. 첫 생산 이후 10번째 처음으로 불량품이 발견될 확률은 얼마일까? 이 예제는 제품의 생산 흐름에서 10번째만에 불량품이 발견될 확률을 구하는 문제이다. 불량품일 확률을 p, 양품일 확률을 1 - p라고 하자. 그러면 이 예제의 변수와 확률은 다음과 같다.

$$p = 0.04$$

$$1 - p = 0.96$$

$$k = 9$$

이를 식(4)에 대입하면 다음과 같다.

$$P(X = 9) = 0.04(0.96)^9$$

$$= 0.028$$

다시 말해, 검사공정에서 첫 생산 이후 10번째 불량품이 처음 나올 확률은 2.8%이다. 다른 예를 두 가지 더 들어보자.

예1) 로또에서 당첨(1등~5등)될 확률은 2.358%이다. 권군이 로또를 매주 살 경우 3번 만에 당첨될 확률은 얼마일까?

당첨될 확률 p는 0.02358이고, 당첨되지 않을 확률 1 – p는 0.97642이다. 예제의 변수와 확률은 다음과 같다.

$$p = 0.02358$$

$$1 - p = 0.97642$$

$$k = 2$$

이를 식(4)에 대입하면 다음과 같다.

$$P(X = 2) = 0.02358(0.97642)^2$$

$$= 0.0225$$

다시 말해, 3번 만에 로또에 당첨될 확률은 2.25%이다.

예2) 군에서는 300미터 사격을 한다. 김 일병이 300미터 사격을 히여 표적을 맞출 확률은 30%이다. 김 일병이 2번 만에 표적을 맞출 확률은 얼마일까?

예제의 변수와 확률은 다음과 같다.

$$p = 0.3$$

$$1 - p = 0.7$$

$$k = 1$$

이를 식(4)에 대입하면 다음과 같다.

$$P(X = 1) = 0.3(0.7)^1$$

$$= 0.21$$

다시 말해, 김 일병이 2번 만에 300미터 표적을 맞출 확률은 21%다.

5. 초기하 분포(Hyper-Geometric Distribution)

초기하 분포는 모집단의 크기가 N이고, 모집단 N개 중 성공 원소의 개수를 K개라고 할 때 모집단에서 n개를 꺼내는 베르누이 시행에서 x개가 성공일 확률분포이다. 초기하 확률분포의 함수식은 식(5)와 같다.

$$P(X = x) = \frac{\binom{K}{x}\binom{N-K}{n-x}}{\binom{N}{n}} \quad - 식(5)$$

예를 들어보자. 한 박스에 10개 들어 있는 제품 중 평균적으로 불량제품이 2개가 있다. 이 때 3개를 샘플로 뽑았을 때 3개 중 1개가 불량품일 확률은 얼마일까? 이 예제의 경우, N은 10이며, K는 2, n은 3, x는 1이다. 이를 식(5)에 대입하면, 다음과 같다.

$$P(X = 1) = \frac{\binom{2}{1}\binom{8}{2}}{\binom{10}{3}}$$

$$= \frac{56}{120}$$

$$= 0.467$$

결국, 제품 10개에서 3개를 뽑는 조합의 수(분모) 중에서 불량품 2개에서 1개를 뽑는 조합의 수와 양품 8개에서 나머지 2개를 뽑는 조합의 수를 곱한(분자) 비율이 된다. 결론적으로 불량률이 20%인 제품 10개에서 3개를 뽑았을 때 1개가 불량품일 확률은 46.7%이다.

다른 예를 몇 가지 들어보자.

예1) *자동차 배터리를 만드는 회사에서 배터리 한 박스에는 100개의 배터리가 들어간다. 이 100개의 배터리 중 5개의 배터리가 불량이다. 이 회사는 최종 샘플링 검사에서 10개의 배터리를 샘플링했을 때 이 10개 중 2개가 불량품일 확률은 얼마일까?*

이 예제에서 변수와 값은 다음과 같이 정의할 수 있다.

N = 100 : 한 박스에 담긴 배터리의 수

n = 10 : 한 박스 100개의 배터리 중 샘플링한 배터리의 수

K = 5 : 한 박스 100개의 배터리 중 불량품의 수

x = 2 : 샘플링한 배터리 중 불량품의 수

이 변수값들을 식(5)에 대입하면, 다음과 같이 계산할 수 있다.

$$P(X = 2) = \frac{\binom{5}{2}\binom{95}{8}}{\binom{100}{10}}$$

$$= \frac{6{,}343{,}920}{90{,}345{,}024}$$

$$= 0.07$$

다시 말해, 불량품이 5개 있는 100개의 배터리 중 10개를 샘플링 했을 때, 2개가 불량품일 확률은 7%이다.

예2) *테니스 모임이 2개가 있다. 이번 대회에 두 모임이 조인하여 출전하기로 하였다. A모임의 회원은 5명, B모임의 회원은 15명이다. 출전선수는 총 8명을 선발해야 한다. 만약 랜덤하게 선수를 뽑을 경우, A모임에서 3명, B모임에서 5명이 선발될 확률은 얼마일까?*

이 예제 또한 초기하분포의 함수식에 대입하여 확률을 구할 수 있다. 이때 변수와 값을 정의하면 다음과 같다.

$N = 20$: A, B 모임의 전체 회원 수

$n = 8$: 랜덤하게 대회에 선발된 회원 수

$K = 5$: A 모임의 회원 수

$x = 3$: 랜덤하게 대회에 선발된 회원 중 A 모임의 회원 수

이 변수값들을 식(5)에 대입하면, 다음과 같이 계산할 수 있다.

$$P(X = 4) = \frac{\binom{5}{3}\binom{15}{5}}{\binom{20}{8}}$$

$$= \frac{3,360}{1,860,480}$$

$$= 0.0018$$

다시 말해, A테니스모임 5명, B테니스모임 15명 중 랜덤하게 8명의 선수를 뽑았을 때, A모임에서 3명, B모임에서 5명 뽑힐 확률은 0.18%이다.

6. 포아송 분포(Poisson Distribution)

포아송 분포는 단위시간 또는 공간 안에서 발생하는 사건의 횟수에 대한 확률분포이다. 예를 들어, 평균적으로 1시간당 2대의 택시가 도착하는 택시 정류소에서 1시간 택시를 기다리는 동안 3대가 도착할 확률을 구하는 문제나, 평균 한 페이지당 3자의 오타를 내는 어떤 사람이 한 페이지의 글을 쓸 때 1자의 오타를 낼 확률을 구하는 문제들이 이에 해당한다. 포아송 분포함수의 수식은 식(6)과 같다.

$$P(X = x) = \frac{e^{-\lambda}\lambda^x}{x!} \quad - \text{식}(6)$$

식(6)에서 λ는 단위시간 또는 공간에서 발생하는 사건의 평균 횟수다.

포아송 분포의 평균과 분산은 다음과 같다.

$$E(X) = \lambda$$

$$Var(X) = \lambda$$

예제를 들어보자.

시골의 한 버스 정류장에는 시간당 평균 2대의 버스가 도착한다. 어떤 사람이 이 버스 정류장에서 오전 9시부터 버스를 기다리는 데, 10시까지 1시간 동안 버스가 3대가 올 확률은 얼마일까?

이 예제에서는 버스 정류장에 시간당 평균 2대가 도착하므로 λ는 2이다. 그리고 시간당 3대

가 도착할 확률을 구하는 예제이므로 x는 3이다. 이를 식(6)에 대입하면 다음과 같다.

$$P(X = 3) = \frac{e^{-2}2^3}{3!}$$

$$= 0.18$$

즉, 버스가 3대 도착할 확률은 18%이다.

예제를 좀 더 들어보자.

예1) 어느 동네병원에는 평일 하루평균 40명의 환자가 내원한다. 이 병원의 평일 영업시간은 아침 9시부터 6시까지 8시간이다. 점심시간에도 2명의 의사가 교대로 진료를 한다. 어느 평일 10시부터 11시 사이에 이 병원에 내원하는 환자가 6명일 확률은 얼마일까?

이 예제에서 시간당 평균 내원하는 환자의 수는 40명/8시간으로 5명이다. 그리고 6명의 환자가 내원할 확률을 구하는 예제이므로 x는 6명이다. 따라서 변수와 값들은 다음과 같다.

$$\lambda = 5$$

$$x = 6$$

이를 식(6)에 내입히면, 다음과 같다.

$$P(X = 6) = \frac{e^{-5}5^6}{6!}$$

$$= 0.146$$

즉, 오전 1시간 동안 6명이 이 병원에 내원할 확률은 14.6%이다.

이 예제에서는 단위 공간에서의 사건이 발생할 횟수가 확률변수가 된다. 단위공간은 한 페이지가 되고, 사건은 오타가 발생하는 일이다. 따라서 이 예제의 변수와 값들은 다음과 같다.

$$\lambda = 2$$

$$x = 1$$

이를 식(6)에 대입하면, 다음과 같다.

$$P(X = 1) = \frac{e^{-2}2^1}{1!}$$

$$= 0.27$$

즉, 이 소설가가 한 페이지 소설을 쓸 때 1자의 오타를 발생시킬 확률은 27%이다.

평균 10평당 20개의 지뢰가 매설되어 있으므로, 단위 면적당 즉, 평당 지뢰의 매설 개수는 평균 2개가 된다. 또한 1평의 작업공간에 3개의 지뢰가 매설되었을 확률을 구하는 예제이므로 x는 3이 된다. 따라서 이 예제의 변수와 값들은 다음과 같다.

$$\lambda = 2$$

$$x = 3$$

이를 식(6)에 대입하면, 다음과 같이 계산할 수 있다.

$$P(X = 3) = \frac{e^{-2}2^3}{3!}$$

$$= 0.18$$

즉, 남한 측 지뢰위험지역 1평에서 3개의 지뢰가 발견될 확률은 18%이다.

5장

연속확률분포

1. 개요

    연속확률분포는 앞장에서 설명했듯이, 확률변수가 연속확률변수일 때 만들어지는 확률분포이다. 연속확률변수는 실수 값을 가지며, 어떤 특정 구간 전체에 해당하고 그 수를 셀 수 없다. 연속확률분포에서는 확률밀도함수(Probability Density Function) 아래 면적이 확률이다. 연속확률분포의 3가지 성질은 다음과 같다.

$$\int_{-\infty}^{\infty} f(x)dx = 1 \quad -\; 식(1)$$

$$P(a \leq X \leq b) = \int_{a}^{b} f(x)dx \quad -\; 식(2)$$

$$P(X = a) = 0 \quad -\; 식(3)$$

    식(1)은 확률의 기본 성질을 나타낸다. 표본공간에서 각 표본점의 확률을 모두 더한 값은 1이다. 연속확률분포에서는 확률밀도함수 아래의 면적이 확률이므로 $-\infty$부터 $+\infty$까지 그래프 아래의 면적을 적분하여 구하면 1이 된다. [그림 1]은 하나의 확률밀도함수(표준정규분포)를 그래프로 표현한 것인데, 그래프 아래의 전체 면적을 구하면 1이 된다.

    그리고 연속확률분포에서의 확률은 특정구간에서의 확률을 말한다. 따라서 식(2)에서 a부터 b구간에서의 확률은 a부터 b구간에서 확률밀도함수의 아래 면적을 의미한다. [그림 2]는 하나의 확률밀도함수(표준정규분포)를 그래프로 표현한 것인데, a부터 b구간에서의 확률은 a부터 b까지 그래프의 아래면적이 된다.

    식(3)은 연속확률분포에서 확률변수가 구간이 아니고 어떤 특정한 값일 때, 확률은 0이라는 것을 의미한다. 확률변수가 구간이 아니고 특정한 값이기 때문에 그래프 아래의 면적은 0이 된다.

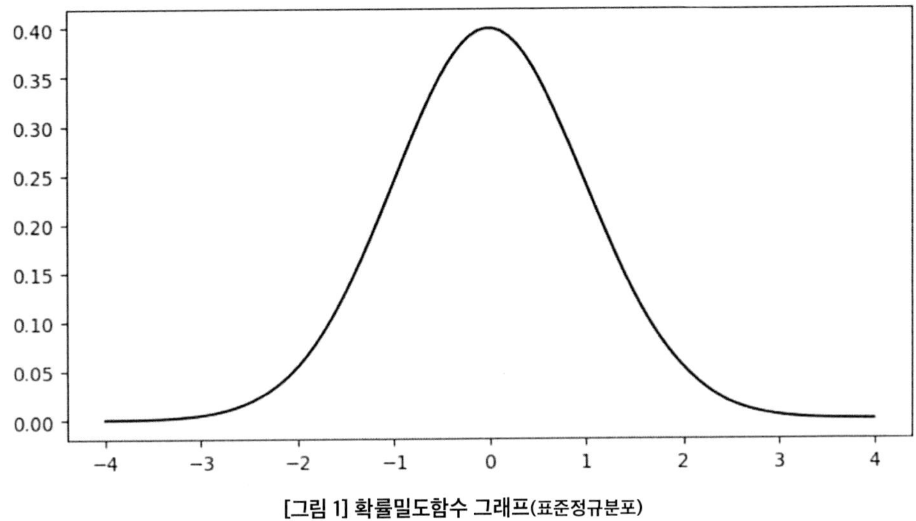

[그림 1] 확률밀도함수 그래프(표준정규분포)

[그림 2] 확률밀도함수에서 a부터 b까지의 확률

전 장에서 언급했듯이, 확률밀도함수는 아래와 같은 것들이 있으며, 이들 중 데이터분석에서 자주 활용되는 확률밀도함수에 대해서는 하나하나 자세히 살펴보도록 하겠다. 다만 이 책의 목적이 확률 및 통계 전문가를 위한 것이 아니고, 데이터 분석을 위해 비전공자도 쉽게 확률과 통계를 이해하게 하는 것이 목적이므로, 수리적으로 깊게 풀이하거나 증명하지는 않는다. 이 책에서 언급하는 내용들은 주로 각 분포함수의 기본 개념, 그리고 분포함수 그래프가 어떻게 생겼는지, 그리고 각 분포함수가 주로 어디에 어떻게 활용되는지에 대해 알아보겠다.

- 균등 분포(Uniform Distribution)
- 정규 분포(Normal Distribution)
- t – 분포(t - Distribution)
- x^2 분포(Chi-squared Distribution)
- 지수 분포(Exponential Distribution)
- F – 분포(F - Distribution)
- 감마 분포(Gamma Distribution)

2. 균등 분포(Uniform Distribution)

균등 분포는 용어대로 어떤 특정한 구간에서 동일한 확률을 갖는 분포다. 확률밀도함수는 식(4)와 같다.

$$f(x) = \frac{1}{b-a} \; - \; 식(4)$$

식(4)에서 a는 확률변수 X의 최솟값이고, b는 최댓값이다.

[그림 3]은 균등 분포를 그림으로 표현한 것이다. 그림에서 a부터 b까지의 확률은 $1/(b-a)$ 로 균등하며, 나머지 구간에서는 모두 0이다. 그래프에서 a부터 b까지 구간에서 그래프 아래의 면적, 즉 회색부분의 면적은 1이 된다. 그리고 균등 분포에서의 평균은 a와 b구간의 중간지점인 $(a+b)/2$가 된다.

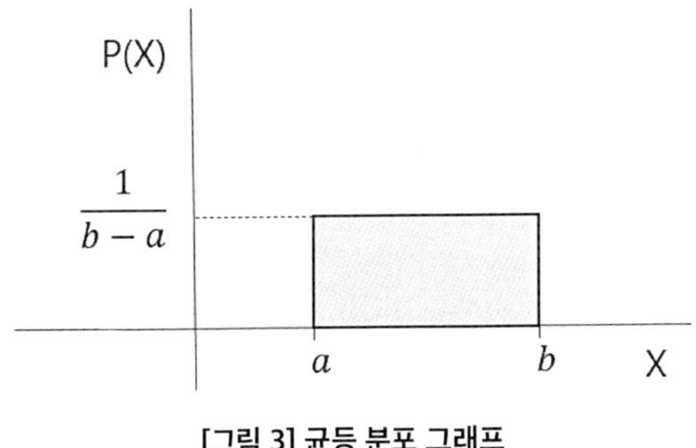

[그림 3] 균등 분포 그래프

균등 분포는 데이터분석에서 활용되는 예는 거의 없으므로 활용 예는 생략하도록 한다.

3. 정규 분포(Normal Distribution)

정규 분포는 연속확률분포에서 가장 대표적인 확률분포이며, 확률과 통계학에서 가장 중요하고 일반적인 확률분포라고 할 수 있다. 따라서 데이터 분석을 위해서는 잘 알아야 하는 분포다.

아래 파이썬 코드는 평균이 0이고 표준편차가 1인 정규분포 그래프를 그리는 코드이며, [그림 4]는 이 코드의 실행결과다. [그림 4]에서 보다시피 정규 분포는 좌우대칭인 종의 모양이다.

[평균이 0, 표준편차가 1인 정규분포를 그리는 파이썬 코드]

```python
import numpy as np
import matplotlib.pyplot as plt
import scipy.stats as ss
mean = 0
std_dev = 1
x = np.linspace(-4, 4, 100)
y = ss.norm.pdf(x, mean, std_dev)
plt.figure(figsize=(8,4))
plt.plot(x, y, color = "black", linestyle="-")
plt.show()
```

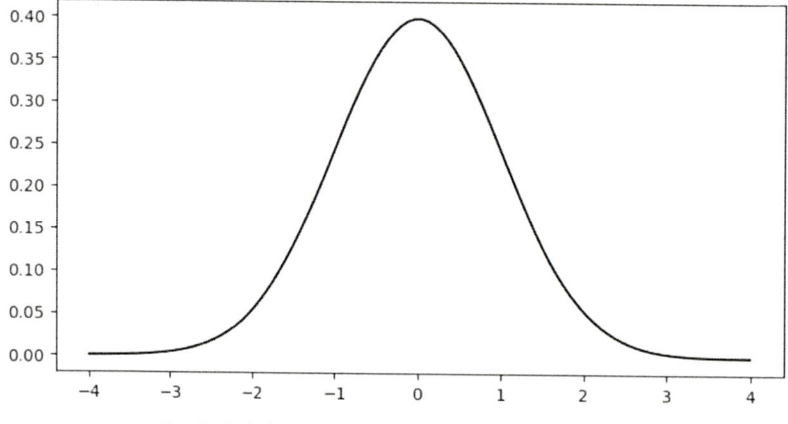

[그림 4] 파이썬 코드의 실행 결과(평균은 0, 표준편차는 1)

　정규 분포가 가장 대표적인 분포인 이유는 우리 일상에서 대규모 데이터를 분포로 그려보면 대부분 정규분포 모양을 하기 때문이다. 예를 들어, 대한민국 남성의 키의 분포 또는 몸무게의 분포를 그려보면 정규 분포의 모양을 갖는다. [그림 5]는 병무청에서 제공한 키의 분포이다. [그림 5]에서 파란색은 1994년도에 태어난 남성의 키 분포이며, 주황색은 2004년에 태어난 남성의 키 분포이다. 조사인원수는 각각 약 21만 명으로, 전체적으로 키가 더 커졌음을 확인할 수 있다.

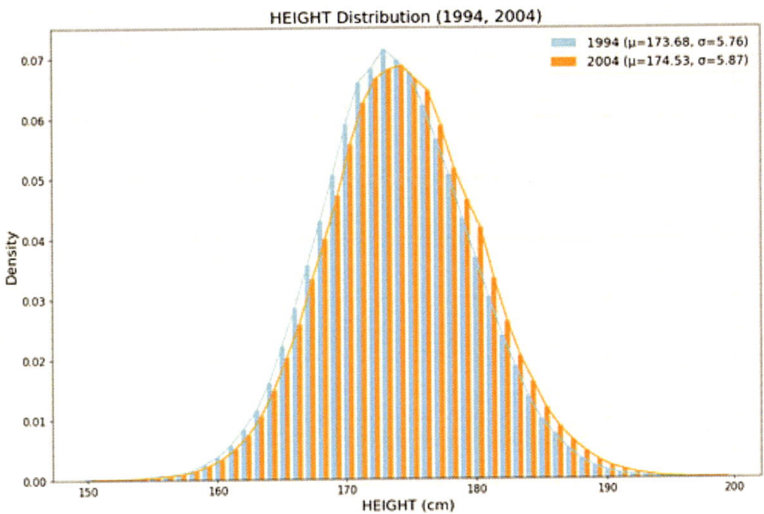

[그림 5] 1994년생과 2005년생 남성 키 자료(병무청 제공)

　정규 분포함수의 수식은 식(5)와 같다.

$$f(x) = \frac{1}{\sqrt{2\pi}\sigma} e^{\frac{(x-\mu)^2}{2\sigma^2}} \quad - \ 식(5)$$

　식(5)는 정규분포 함수식으로 매우 복잡하다. 데이터 분석가는 식(5)를 외울 필요는 없다. 정규 분포에서는 평균은 μ, 분산은 σ^2으로 표현한다. 표준편차는 분산의 제곱근이므로 σ가 된다. 만약 식(6)와 같이 표현하면, 확률변수 X의 평균은 μ이고, 분산은 σ^2인 정규 분포를 따른다는 의미다.

$$X \sim N(\mu,\ \sigma^2) \ - \ 식(6)$$

정규 분포를 표준정규분포(Standard Normal Distribution)로 변환할 수 있다. 변환식은 식(7)과 같다.

$$Z = \frac{X - \mu}{\sigma} \ - \ 식(7)$$

표준정규분포의 확률변수 Z는 평균은 0, 표준편차는 1인 정규분포를 따른다.

$$Z \sim N(0,\ 1^2) \ - \ 식(8)$$

정규 분포를 표준정규분포로 변환하는 이유는 확률변수 X를 표준화하기 위해서이다. 확률변수 X는 분포마다 스케일이 다르고, 평균과 표준편차가 다르기 때문에 이를 표준화하자는 것이다. 키와 몸무게를 예로 들어보자. 한국남성의 평균키는 170㎝이고 표준편차는 5㎝라고 가정하자. 식(7)에 키의 평균인 X = 170㎝를 대입하면 Z = (170 - 170)/5가 되어 0이 된다. 이번에는 평균에 표준편차를 더한 값인 X = 175㎝를 대입하면 Z = (175 - 170)/5가 되어 1이 된다. 이번에는 평균에 표준편차의 2배를 더한 값인 X = 180㎝를 대입하면 Z = (180 - 170)/5가 되어 2가 된다. 이런 식으로 하여 평균에 표준편차의 3배를 더하면 3이 되고, 4배를 더하면 4가 된다. 이번에는 반대로 평균에 표준편차를 뺀 값인 X = 165㎝를 대입하면 Z =(165 - 170)/5가 되어 -1이 된다. 다시 평균에 표준편차의 2배를 뺀 값인 X = 160㎝를 대입하면 Z = (160 - 170)/5가 되어 -2가 된다. 이런 식으로 하여 평균에 표준편차의 3배를 빼면 -3이 되고 4배를 빼면 -4가 된다. 따라서 식(7)를 통해 확률변수 X를 Z로 변환하면 평균은 0이고 표준편차는 1인 표준정규분포가 된다.

이번에는 몸무게를 예로 들어보자. 한국 남성의 평균 몸무게는 70kg이고, 표준편차는 5kg이라고 하자. 식(7)에 몸무게의 평균인 X = 70kg을 대입하면 Z = 0이 되고, 평균에 표준편차를 더한 값인 75kg을 대입하면 Z = 1이 된다. 반대로 평균에 표준편차를 뺀 X = 65kg을 대입하면 Z = –1이 된다. 이런 식으로 하여, 키와 마찬가지로 확률변수 X를 식(7)을 통해 확률변수 Z로 변환하면 평균은 0이고 표준편차는 1인 표준정규분포가 된다. 따라서 확률변수 X가 정규 분포를 따르는 어떠한 데이터라도 확률변수 Z로 변환하면 평균은 0이고, 표준편차는 1인 표준정규분포가 된다.

정규 분포에서 $\mu \pm 1\sigma$, $\mu \pm 2\sigma$, $\mu \pm 3\sigma$, 그리고 각각 구간에서의 면적은 얼마일까? [그림 6]은 표준정규분포 그래프에서 해당하는 구간에서의 확률을 잘 보여주고 있다.

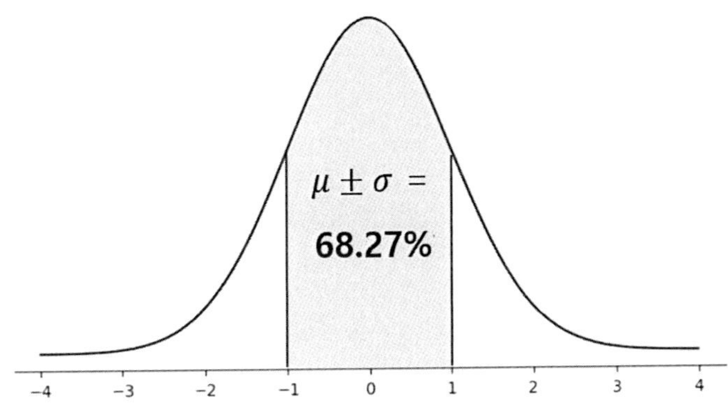

[그림 6] (a) μ±1σ 구간의 면적(0.6827)과 확률

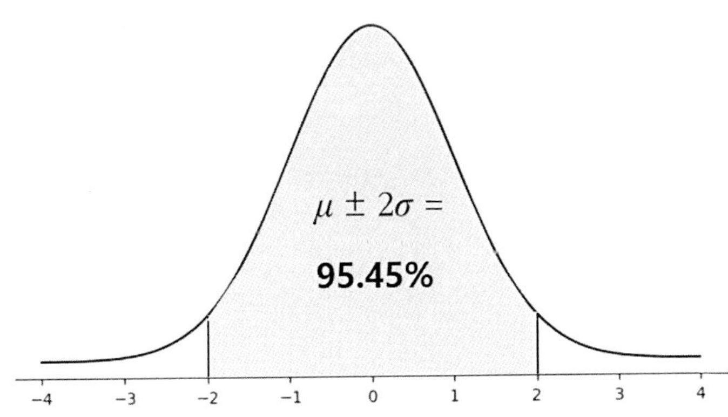

[그림 6] (b) μ±2σ 구간의 면적(0.9545)과 확률

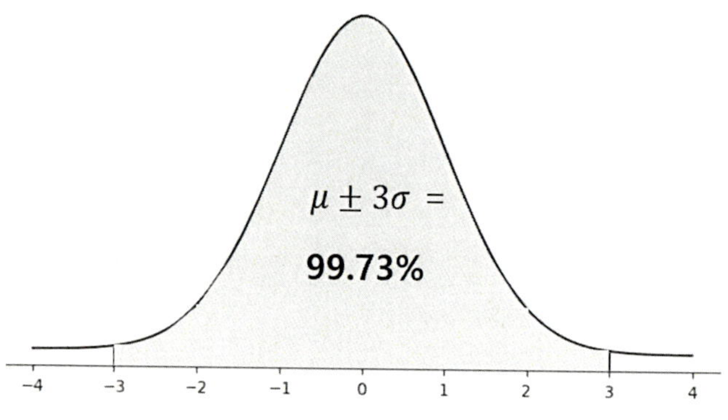

[그림 6] (c) μ±2σ 구간의 면적(0.9545)과 확률

[그림 6] (a)는 평균에서 양쪽으로 표준편차만큼 떨어진 구간의 면적은 0.6827로 전체면적의 68.27%를 차지한다는 것을 의미한다. 그리고 [그림 6] (b)는 평균에서 양쪽으로 표준편차의 두배만큼 떨어진 구간에서의 면적은 0.9545로 전체면적의 95.45%를 차지함을 의미하며, 마지막으로 [그림 6] (c)는 평균에서 양쪽으로 표준편차의 세배만큼 떨어진 구간에서의 면적은 0.9973으로 전체면적의 99.73%를 차지함을 의미한다. 이 면적을 구하는 파이썬 코드와 R 코드는 다음과 같다. 왼쪽은 파이썬, 오른쪽은 R코드이다.

[μ ± 1σ] 구간 면적을 구하는 파이썬/R 코드

```python
import scipy.stats as ss
std_dev = 1
prob = 1-2*(1-ss.norm.cdf(std_dev))
print(prob)

0.6826894921370859
```

```r
> 1-2*(1-pnorm(1))
[1] 0.6826895
```

[μ ± 2σ] 구간 면적을 구하는 파이썬/R 코드

```python
import scipy.stats as ss
std_dev = 2
prob = 1-2*(1-ss.norm.cdf(std_dev))
print(prob)

0.9544997361036416
```

```r
> 1-2*(1-pnorm(2))
[1] 0.9544997
```

[μ ± 3σ] 구간 면적을 구하는 파이썬/R 코드

```python
import scipy.stats as ss
std_dev = 3
prob = 1-2*(1-ss.norm.cdf(std_dev))
print(prob)
```

```
> 1-2*(1-pnorm(3))
[1] 0.9973002
```

0.9973002039367398

반대로 이번에는 표준정규분포에서 확률(95%, 99%)이 주어졌을 때, 표준편차의 몇 배의 위치인지를 찾는 파이썬 코드와 R코드는 다음과 같다. [그림 기은 표준정규분포에서 한쪽 면적이 0.025, 즉 2.5% 위치는 표준편차의 몇 배인지(빨간 점의 위치)를 나타낸다.

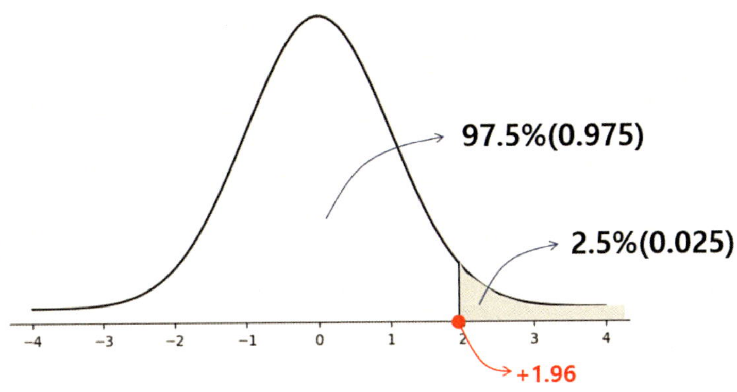

[그림 7] 표준정규분포에서 한쪽의 면적이 0.025(2.5%)인 곳의 위치값

표준정규분포에서 95% 양쪽 확률 구간의 오른쪽 위치를 구하는 파이썬/R 코드

```python
import scipy.stats as ss
stat = ss.norm.ppf(0.975, loc=0, scale=1)
print(stat)
```

1.959963984540054

```
> qnorm(0.975)
[1] 1.959964
```

```python
import scipy.stats as ss
stat = ss.norm.ppf(0.995, loc=0, scale=1)
print(stat)
```

```
2.5758293035489004
```

```
> qnorm(0.995)
[1] 2.575829
```

정규 분포에는 중요한 성질인 중심극한정리(Central Limit Theorem)가 있다. 이 정리는 향후 추론통계학인 통계 추정이나 통계 검정에서 많이 활용되기 때문에 잘 알고 있을 필요가 있다. 중심극한정리는 모집단의 분포가 정규 분포이든 아니든 충분히 큰(표본의 크기를 n이라고 했을 경우, $n \geq 30$) 표본(샘플)을 여러 개 뽑을 경우, 이 표본의 평균들의 분포는 정규 분포를 따른다는 정리다.

$$\overline{X} \sim N\left(\mu, \frac{\sigma^2}{n}\right) - 식(9)$$

식(9)에서 표본평균들의 평균은 μ이고, 표준편차는 $\sigma/\sqrt{n}$ 임을 알 수 있다. 표본평균들의 평균 $(E(\overline{X}))$ 은 모집단의 평균을 추정할 수 있는 불편추정량(Unbiased Estimator)이다. 불편추정량은 추정값과 모수와의 차이에 대한 기댓값이 0이라는 의미로, 표본평균들의 평균인 $E(\overline{X})$로 모수인 μ를 추정할 수 있다는 뜻이다. 또한 표본평균들을 식(7)과 같이 표준정규분포로 변환하면 식(10)과 같다.

$$Z = \frac{\overline{X} - \mu}{\frac{\sigma}{\sqrt{n}}} - 식(10)$$

예를 들어보자. 대한민국 여성의 몸무게를 확률변수 X라고 할 때, 전체 모집단은 2500만명이라고 하자. 모집단의 평균 μ는 58.7kg이고 표준편차 σ는 3kg이라고 하자. 이때 표본을 각각 100개씩 1000번을 뽑는다고 하자. 이 1000개 표본평균의 분포는 식(9)와 같고, 1000개의 표본평균들의 평균은 모집단의 평균인 58.7kg, 그리고 분산은 모집단의 분산을 n으로 나눈 값인 9/100에 수렴한다는 것이다. 따라서 표본평균의 표준편차는 $\sigma/\sqrt{n}$ 이 되어, 3/10, 즉 0.3이 된다. 표본평균들의 평균은 모집단과 같지만, 표준편차는 $\sqrt{n}$ 만큼의 비율로 줄어든다는 것을 알 수 있다. 이 이론은 향후 통계 추론과 통계 검증에서 계속 나오는 이론으로 잘 기억해 두자.

4. t-분포(t-Distribution)

t-분포를 흔히 Student's t-분포라고도 부른다. 이는 회사와의 계약관계로 이름을 밝히지 않은 어떤 학생이 개발한 분포라는 의미에서 이렇게 명명되어 왔다. t-분포는 모집단이 정규 분포를 따르지만 표준편차를 알지 못할 때, 작은 표본에서 표본 평균의 분포를 말한다. 앞단원에서 중심극한정리를 설명하였는데, 이때는 모집단의 표준편차를 알고, 표본의 크기가 충분히 클 때를 말하지만, t-분포는 모집단이 정규분포를 따르고, 표준편차를 모를 때, 표본평균들의 분포이다. t-분포함수의 수식은 식(11)과 같다.

$$t = \frac{\overline{X} - \mu}{\frac{s}{\sqrt{n}}} \ - \ 식(11)$$

식(11)에서 분모는 표본평균들의 표준편차로 식(10)과 유사함을 알 수 있다. 따라서 t-분포는 표본의 크기 n이 충분히 클 경우, 표준정규분포를 따르지만, 일반적으로 n이 작을 경우 사용하므로, 분포 모양은 약간 다르다. t-분포의 평균은 0이고, 좌우대칭 모양이며 정규 분포보다는 꼬리가 두꺼운 모양을 갖는다. t-분포는 자유도 $n - 1$에 따라 다르게 분포한다. 따라서 식(12)와 같이 표현하며, 이때 확률변수 X는 자유도가 $n - 1$인 t-분포를 따른다고 한다.

$$X \sim t(n - 1) \ - \ 식(12)$$

t-분포에는 자유도(Degree of Freedom)라는 것이 있다. 자유도는 독립적인 정보의 양을 의미한다. 예를 들어, 평균이 10이라고 하고, 5개의 데이터가 있다면, 4개의 데이터는 자유롭게 값을 갖을 수 있지만, 평균 10을 맞추기 위해 1개의 데이터는 자동으로 정해져서 자유롭지 못하다.

t-분포에서 자유도가 나온 이유는 모집단의 표준편차를 알지 못하기 때문이다. 모집단의 표준편차를 알지 못하는 상황에서 작은 표본 n개를 뽑아 이 표본평균들의 평균은 모집단의 평

균을 추정하는 불편추정량(Unbiased Estimator)이 되고, 마찬가지로 표본분산들의 평균은 모집단의 분산을 추정할 수 있어야 한다. 표본의 분산은 s^2으로 표현하고, 표본의 표준편차는 s로 표현한다. 모든 표본의 분산을 구한 후 이들 모두를 평균한 것($E(s^2)$)이 실제 모집단의 분산과 같다고 추정하기 위해서는 표본의 분산을 구할 때 식(13)과 같이 n이 아니고 $n-1$로 나누어서 보정해 주어야 한다.

$$s^2 = \frac{\sum(X_i - \overline{X})^2}{n-1} \quad - \text{식(13)}$$

자유도는 표본의 크기에 따라 결정된다. 통계 분석에서 자유도는 일반적으로 표본의 크기가 n일 때, $n-1$로 정의되어, 표본의 크기가 작으면 작아지고, 표본의 크기가 커지면 커진다.

[그림 8]은 t-분포를 파이썬으로 그린 그래프이다. t-분포의 그래프는 표본의 크기가 커질수록 표준정규분포의 모양에 가까워진다. 표본의 크기가 작을 때는 표준정규분포보다 그래프의 봉우리가 낮고, 두꺼운 꼬리를 갖는다.

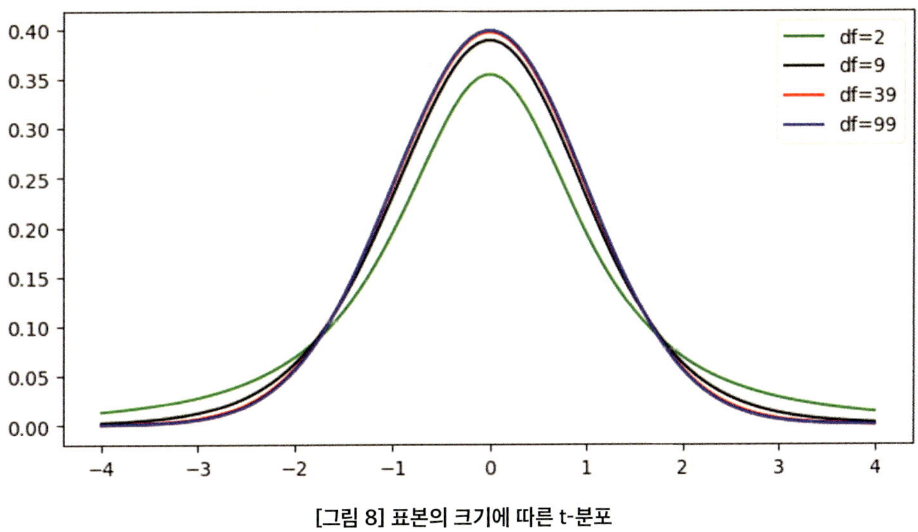

[그림 8] 표본의 크기에 따른 t-분포

다음은 t-분포를 그리는 파이썬 코드이다.

[그림 7]의 그래프(t-분포)를 그리는 파이썬 코드

```python
import numpy as np
import matplotlib.pyplot as plt
import scipy.stats as ss
df0 = 2
df1 = 9
df2 = 39
df3 = 99
x = np.linspace(-4, 4, 100)
y0 = ss.t.pdf(x, df0)
y1 = ss.t.pdf(x, df1)
y2 = ss.t.pdf(x, df2)
y3 = ss.t.pdf(x, df3)
plt.figure(figsize=(8,4))
plt.plot(x, y0, color = "green", linestyle="-", label= 'df=2')
plt.plot(x, y1, color = "black", linestyle="-", label= 'df=9')
plt.plot(x, y2, color = "red", linestyle="-", label= 'df=39')
plt.plot(x, y3, color = "blue", linestyle="-", label= 'df=99')
plt.legend()
plt.show()
```

 t-분포는 다양한 통계 추정과 통계 검정에 활용된다. 통계 추정에서는 모집단의 표준편차를 모르는 상황에서 표본으로부터 95%, 또는 99% 신뢰구간을 구할 때 사용된다. 통계 검정에서는 표준편차를 모르는 하나의 데이터 집단에서 추출된 표본을 가지고, 이미 알려진 데이터 집단의 평균과 같은 지, 또는 큰지, 작은 지 검정할 경우 사용한다. 또한 표준편차를 모르는 두 개의 데이터 집단에서 추출한 두 개의 표본을 가지고 모집단간 평균이 다른 지, 어느 한쪽이 큰지, 작은 지 검정할 경우에도 사용한다. 그리고 대응표본(Paired Sample)의 차이검정에서도 사용한다. 회귀분석(Regression Analysis)에서는 종속변수에 영향을 많이 미치는 독립변수를 찾는 데도 사용한다. 이렇듯 t-분포는 많은 통계 추정, 검정에 활용됨으로 잘 알아 둘 필요가 있다.

이번에는 $\mu \pm t$ 구간에서의 면적(확률)을 구하는 파이썬 코드와 R코드를 소개한다. 코드에서 자유도는 100으로 했다. 독자들은 원하는 t값과 자유도(df)를 넣어서 실행시켜보기 바라며, 자유도가 커질수록 각각 표준정규분포의 $\mu \pm 1\sigma$구간 면적, $\mu \pm 2\sigma$구간 면적, $\mu \pm 3\sigma$구간 면적과 유사해짐을 알 수 있다. 왼쪽은 파이썬, 오른쪽은 R코드이다.

[μ ± t] 구간 면적을 구하는 파이썬/R 코드 (t=1)

```python
import scipy.stats as ss
t = 1
prob = 1-2*(1-ss.t.cdf(t, df=100))
print(prob)
```

0.6802758442158763

```r
> 1-2*(1-pt(1, df=100))
[1] 0.6802758
```

[μ ± t] 구간 면적을 구하는 파이썬/R 코드 (t=2)

```python
import scipy.stats as ss
t = 2
prob = 1-2*(1-ss.t.cdf(t, df=100))
print(prob)
```

0.9517878212688664

```r
> 1-2*(1-pt(2, df=100))
[1] 0.9517878
```

[μ ± t] 구간 면적을 구하는 파이썬/R 코드 (t=3)

```python
import scipy.stats as ss
t = 3
prob = 1-2*(1-ss.t.cdf(t, df=100))
print(prob)
```

0.9965920846566705

```r
> 1-2*(1-pt(3, df=100))
[1] 0.9965921
```

이번에는 반대로 t분포에서 확률(95%, 99%)이 주어졌을 때, 표준편차의 몇 배의 위치인지를 찾는 파이썬 코드와 R코드는 다음과 같다. 이번에는 자유도를 30으로 하였다. 자유도는 독자들이 원하는 값을 코드(df)에 입력하여 실행하면 된다.

t-분포에서 95% 양쪽 확률구간의 오른쪽 위치를 구하는 파이썬/R 코드

```python
import scipy.stats as ss
stat = ss.t.ppf(0.975, df=30)
print(stat)

2.0422724563012373
```

```r
> qt(0.975, df=30)
[1] 2.042272
```

t-분포에서 99% 양쪽 확률구간의 오른쪽 위치를 구하는 파이썬/R 코드

```python
import scipy.stats as ss
stat = ss.t.ppf(0.995, df=30)
print(stat)

2.7499956535670305
```

```r
> qt(0.995, df=30)
[1] 2.749996
```

5. 카이제곱 분포(Chi-squared Distribution)

표준정규분포를 따르는 확률변수 Z_1, Z_2, Z_3, $\cdots$ Z_n의 제곱의 합 U는 자유도가 $n-1$인 카이제곱 분포를 따른다. 카이제곱 분포의 복잡한 확률밀도함수식은 생략하도록 한다. 식(14)는 카이제곱 확률변수 U의 수식이며, 식(15)는 확률변수 U가 카이제곱 분포를 따른다는 표현이다.

$$U = \sum_{i=1}^{n} Z_i^2 \qquad - \text{식(14)}$$

$$= \sum_{i=1}^{n} \left(\frac{X_i - \mu}{\sigma}\right)^2$$

$$U \sim \chi^2(n-1) - \text{식(15)}$$

또한 카이제곱 분포의 평균과 분산은 다음과 같다.

$$E(U) = n - 1, \qquad Var(U) = 2(n-1)$$

카이제곱 분포는 범주형 데이터 분석에 주로 사용한다. 카이제곱 분포는 모평균과 모분산을 모르는 집단간 적합성 검증(Goodness of Fit Test), 독립성 검증(Test of Independence), 그리고 동질성 검증(Test of Homogeneity)에 활용한다. 또한 모분산을 모르는 집단의 모분산 검정을 위해서도 사용한다. 적합성 검증는 관측 결과가 특정한 분포로부터의 관측값인가를 검증하는 것이다. 독립성 검증은 두 변수간에 관계가 있는지를 검증한다. 동질성 검증은 두 집단의 분포가 동일한지를 검증한다. 이러한 범주형 데이터 분석은 향후 8장 통계 검정과 9장 교차분석에서 자세히 다룬다.

카이제곱 분포의 그래프는 [그림 9]와 같이 그릴 수 있으며, 이를 그리기 위한 파이썬 코드는 다음과 같다. [그림 9]에서 카이제곱 분포는 자유도에 따라 그래프가 많이 달라짐을 알 수 있다.

[그림 9] 자유도에 따라 달라지는 카이제곱 분포를 그리는 파이썬 코드

```python
import numpy as np
import matplotlib.pyplot as plt
import scipy.stats as ss
df0 = 1
df1 = 2
df2 = 3
df3 = 4
df4 = 5
x = np.linspace(0, 5, 100)
y0 = ss.chi2.pdf(x, df0)
y1 = ss.chi2.pdf(x, df1)
y2 = ss.chi2.pdf(x, df2)
y3 = ss.chi2.pdf(x, df3)
y4 = ss.chi2.pdf(x, df4)
plt.figure(figsize=(8,4))
plt.plot(x, y0, color = "green", linestyle="-", label= 'df=1')
plt.plot(x, y1, color = "black", linestyle="-", label= 'df=2')
plt.plot(x, y2, color = "red", linestyle="-", label= 'df=3')
plt.plot(x, y3, color = "blue", linestyle="-", label= 'df=4')
plt.plot(x, y4, color = "orange", linestyle="-", label= 'df=5')
plt.legend()
plt.show()
```

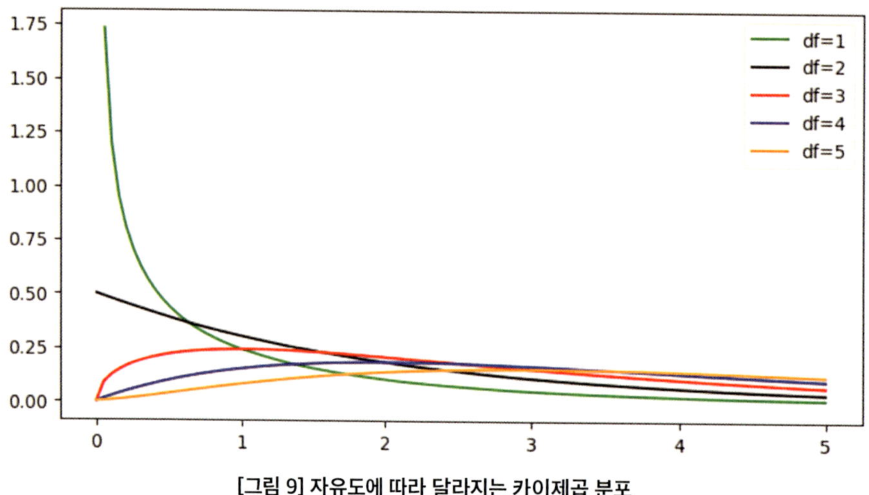

[그림 9] 자유도에 따라 달라지는 카이제곱 분포

6. F-분포(F-Distribution)

두 개의 정규분포를 따르는 모집단에서 추출한 표본을 각각 $X_1, X_2, \dots X_n$, $Y_1, Y_2, \dots Y_m$ 이라고 하자. 그리고 s_X^2, s_Y^2을 각 확률표본의 분산이라고 하면, 다음 식이 성립한다.

$$\frac{(n-1)s_X^2}{\sigma_X^2} \sim \chi^2(n-1)$$

$$\frac{(m-1)s_Y^2}{\sigma_Y^2} \sim \chi^2(m-1)$$

즉, 표본분산에 자유도를 곱해서 모집단의 분산으로 나눈 확률변수는 카이제곱 분포를 따른다. 각각 확률변수를 각각의 자유도로 나눈 후 비율은 F-분포를 따른다. 이는 식(16)과 같이 표현할 수 있다.

$$F = \frac{s_X^2 \big/ \sigma_X^2}{s_Y^2 \big/ \sigma_Y^2} \sim F(n-1,\ m-1) - \text{식}(16)$$

식(16)에서 보면, F는 분산의 비율로 표현할 수 있으며, 두 집단간 분산이 비슷할 경우 1에 가깝고, 그렇지 않으면 1에서 멀어진다.

F-분포는 통계 검정에서 등분산 검정과 분산분석(ANOVA: Analysis of Variance)에 활용된다. 분산분석은 3개 이상의 데이터 집단간에 평균이 같은지를 검정하는 방법이다. 분산분석은 이후 10장에서 자세히 다룬다.

F-분포는 [그림 10]과 같이 파이썬 코드로 그릴 수 있으며, 이를 그리는 파이썬 코드는 다음과 같다. [그림 10]에서 두 집단의 표본 크기가 100일 때 두 집단의 분산이 비슷해지는 것을 알 수 있다.

[그림 10] 자유도에 따라 달라지는 카이제곱 분포를 그리는 파이썬 코드

```python
import numpy as np
import matplotlib.pyplot as plt
import scipy.stats as ss
df0_1 = 1
df0_2 = 1
df1_1 = 2
df1_2 = 1
df2_1 = 5
df2_2 = 2
df3_1 = 10
df3_2 = 1
df4_1 = 100
df4_2 = 100
x = np.linspace(0, 5, 100)
y0 = ss.f.pdf(x, df0_1, df0_2)
y1 = ss.f.pdf(x, df1_1, df1_2)
y2 = ss.f.pdf(x, df2_1, df2_2)
y3 = ss.f.pdf(x, df3_1, df3_2)
y4 = ss.f.pdf(x, df4_1, df4_2)
plt.figure(figsize=(8,4))
plt.plot(x, y0, color = "green", linestyle="-", label= 'df1=1, df2=1')
plt.plot(x, y1, color = "black", linestyle="-", label= 'df1=2, df2=1')
plt.plot(x, y2, color = "red", linestyle="-", label= 'df1=5, df2=2')
plt.plot(x, y3, color = "blue", linestyle="-", label= 'df1=10, df2=1')
plt.plot(x, y4, color = "orange", linestyle="-", label= 'df1=100, df2=100')
plt.legend()
plt.show()
```

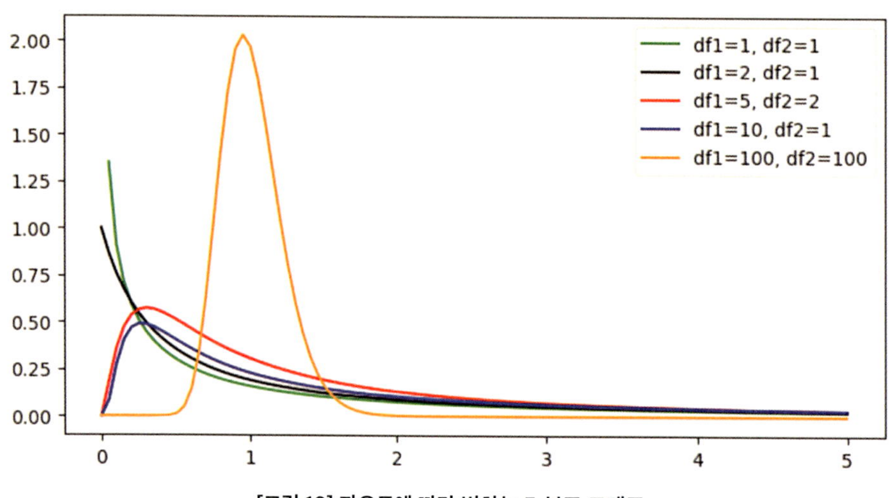

[그림 10] 자유도에 따라 변하는 F-분포 그래프

7. 지수 분포(Exponential Distribution)

지수 분포는 사건이 처음 발생할 때까지 경과한 시간에 대한 연속확률분포다. 지수 분포는 발생하는 사건들이 서로 독립이고, 단위 시간 동안 발생하는 사건의 수가 포아송 분포를 따를 때, 다음 사건이 일어날 때까지의 대기 시간은 지수 분포를 따른다. 따라서 지수 분포는 시간과 관계되어 있기 때문에 대기행렬(Waiting Line) 분석에 주로 활용되며, 시뮬레이션에서 차량이나 사람의 도착간격에 대한 확률분포로 주로 사용한다. 또한 기계나 장비의 다음 고장까지의 시간에 대한 확률분포로도 사용한다. 이 책에서는 대기행렬이나 시뮬레이션에 대한 내용은 다루지 않기 때문에 이 단원에서만 지수 분포에 대한 내용을 소개한다. 지수 분포함수의 수식은 식(17)과 같이 표현할 수 있다.

$$f(x) = \lambda e^{-\lambda x}, \quad x > 0 \; - \; 식(17)$$

식(17)에서 λ는 포아송 분포에서와 마찬가지로 단위시간에 발생하는 사건의 수이다. 예를 들어, 은행에 고객이 평균 5분 간격으로 도착할 때 $\lambda = 1/5$, 즉 1분당 1/5명씩 도착하게 된다. 지수 분포에서 자주 사용하는 식은 누적밀도함수(Cumulative Density Function)로 식(18)과 같은 식으로 표현한다.

$$F(x) = 1 - e^{-\lambda x}, \quad x > 0 \; - \; 식(18)$$

위 예제와 같이 $\lambda = 1/5$일 때 4분 안에 처음 고객이 도착할 확률 $x = 4$를 식(18)에 적용하면 다음과 같이 구할 수 있다.

$$F(4) = 1 - e^{-(1/5)4}$$

$$= 0.55$$

지수 분포는 [그림 11]과 같이 파이썬 코드로 그릴 수 있으며, 이를 그리는 파이썬 코드는 다음과 같다. [그림 11]에서 scale = λ에 따라 그래프 모양이 달라짐을 알 수 있다. [그림 11]에서 scale은 한 명의 고객이 도착한 후 다음 고객이 도착하는 평균 시간 간격이므로 scale이 작을수록 사건이 발생할 확률은 커진다.

[그림 11] 지수 분포를 그리기 위한 파이썬 코드

```python
import numpy as np
import matplotlib.pyplot as plt
import scipy.stats as ss

x = np.linspace(0, 5, 100)
y0 = ss.expon.pdf(x, scale=0.5)
y1 = ss.expon.pdf(x, scale=1.0)
y2 = ss.expon.pdf(x, scale=1.5)
y3 = ss.expon.pdf(x, scale=2.0)
plt.figure(figsize=(8,4))
plt.plot(x, y0, color = "green", linestyle="-", label= 'scale=0.5')
plt.plot(x, y1, color = "black", linestyle="-", label= 'scale=1.0')
plt.plot(x, y2, color = "red", linestyle="-", label= 'scale=1.5')
plt.plot(x, y3, color = "blue", linestyle="-", label= 'scale=2.0')
plt.legend()
plt.show()
```

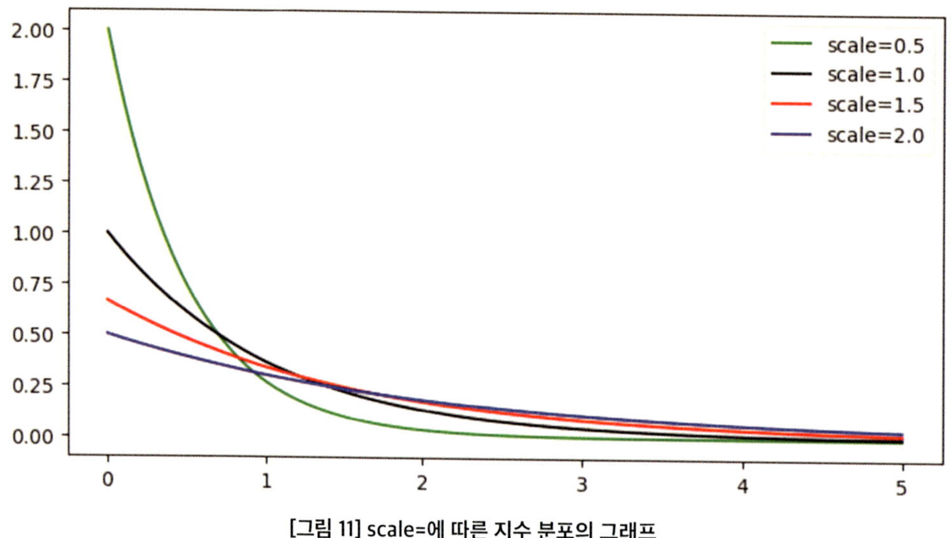

[그림 11] scale=에 따른 지수 분포의 그래프

8. 확률밀도함수의 첨도(Kurtosis)와 왜도(Skewness)

이 단원에서는 확률밀도함수 모양과 관련되는 첨도와 왜도에 대해 설명한다. 우선 첨도는 확률분포 그래프의 뾰족함의 정도를 나타낸다. [그림 12]는 평균이 0이고, 표준편차가 각각 0.5, 1.0, 1.5일 때 정규분포를 그린 것이다. 그림에서 첨도는 각각 1.92, -0.9, -1.43으로 나타나 있다. 다시 말해, 뾰족함의 정도가 커질수록 첨도의 값이 커진다는 것을 알 수 있다. 다음은 [그림 12]와 같은 그래프와 첨도를 출력하는 파이썬 코드다.

[그림 12] 그래프와 첨도를 출력하는 파이썬 코드

```python
import numpy as np
import matplotlib.pyplot as plt
import scipy.stats as ss
mean = 0
std_dev_1 = 0.5
std_dev_2 = 1.0
std_dev_3 = 1.5
x = np.linspace(-4, 4, 100)
y1 = ss.norm.pdf(x, mean, std_dev_1)
y2 = ss.norm.pdf(x, mean, std_dev_2)
y3 = ss.norm.pdf(x, mean, std_dev_3)
kurtosis_1 = ss.kurtosis(y1)
kurtosis_2 = ss.kurtosis(y2)
kurtosis_3 = ss.kurtosis(y3)
print(kurtosis_1, kurtosis_2, kurtosis_3)
plt.figure(figsize=(8,4))
plt.plot(x, y1, color = "black", linestyle="-", label='std_dev=0.5')
plt.plot(x, y2, color = "red", linestyle="-", label='std_dev=1.0')
plt.plot(x, y3, color = "blue", linestyle="-", label='std_dev=1.5')
plt.legend()
plt.show()
```

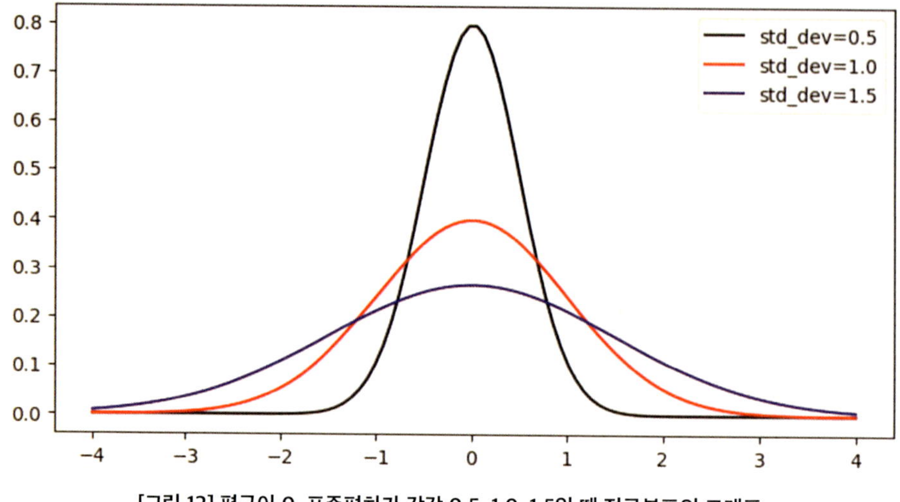

[그림 12] 평균이 0, 표준편차가 각각 0.5, 1.0, 1.5일 때 정규분포의 그래프

왜도는 분포가 한쪽으로 치우친 정도를 나타내는 척도다. 정규분포의 왜도는 0이고, 오른쪽으로 길게 꼬리가 있는 분포의 왜도는 양의 값을 가지며, 왼쪽으로 길게 꼬리가 있는 분포의 왜도는 음의 값을 갖는다. 그리고 이 왜도에 따라 평균, 중앙값, 최빈값의 위치가 달라진다. [그림 13]은 이를 잘 나타낸다. 왜도가 양의 값을 갖으면 즉, 오른쪽으로 꼬리가 긴 분포이면, 평균이 가장 크고, 최빈값이 가장 작게 된다. 그리고 왜도가 음의 값을 갖으면, 즉 왼쪽으로 꼬리가 긴 분포이면, 최빈값이 가장 크고, 평균이 가장 작게 된다.

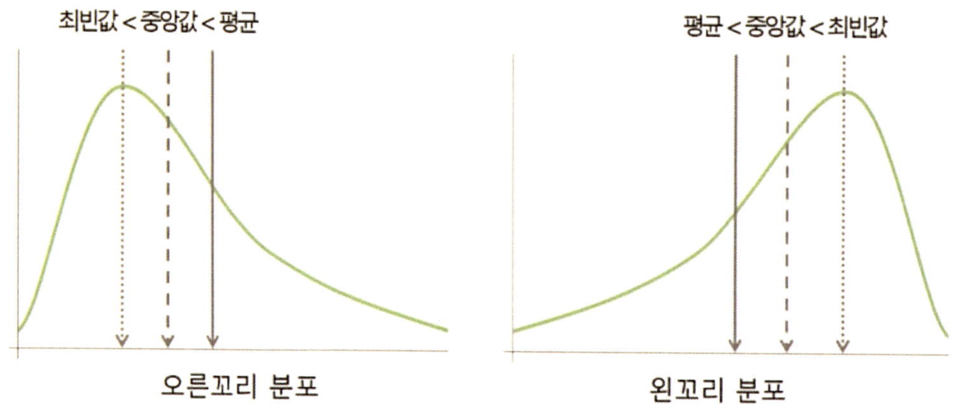

[그림 13] 양의 왜도와 음의 왜도 비교

6장

통계 추정
(Statistical Inference)

1. 개요

통계 추정은 모집단에서 표본을 추출한 후, 표본으로부터 모집단의 평균 또는 표준편차를 추정하는 것을 말한다. 예를 들어, 대한민국 성인 남성의 키가 모집단이라고 하면, 이 모두를 조사하는 것은 어려운 일이다. 따라서 이 중 표본을 100명 선별하여 키를 조사한 후, 이 100명의 키의 평균과 표준편차와 같은 통계치로 모집단의 모수, 즉 모집단의 평균 또는 표준편차를 추정하면 된다. 통계 추정은 점추정과 구간추정으로 나누어 볼 수 있다. 점추정은 모평균, 또는 모분산을 추정하는 것이고, 구간추정은 95% 신뢰구간을 가지는 구간, 또는 99% 신뢰구간을 가지는 구간으로 모평균을 추정한다. 이 단원에서는 구간추정을 주로 다루도록 한다. [그림 1]은 지금까지 설명한 내용을 그림으로 표현한 것이다.

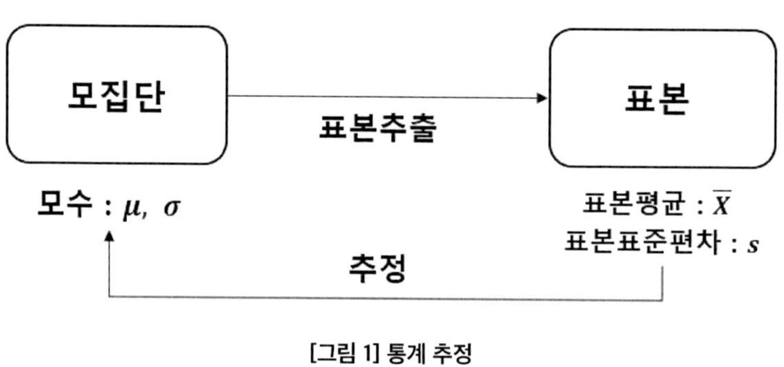

[그림 1] 통계 추정

2. 점 추정

점 추정은 표본의 통계치를 이용하여 모집단의 모평균 또는 모분산과 같은 모수를 추정하는 것이다. 5장 2단원 정규분포의 중심극한정리에서도 언급했듯이, 표본의 수가 충분히 클 때 $(n \geq 30)$ 표본평균$(\overline{X})$ 의 분포는 평균은 μ, 표준편차는 $\sigma/\sqrt{n}$ 를 갖는 정규분포를 따른다. 따라서, 표본평균들의 평균 즉, $E(\overline{X})$ 는 모집단의 평균을 추정할 수 있는 불편추정량(Unbiased Estimator)이다. 불편추정량은 추정값과 모수와의 차이에 대한 기댓값이 0이라는 의미로, 표본평균들의 평균인 $E(\overline{X})$로 모수인 μ를 추정할 수 있다는 뜻이다.

또한 만약 모집단의 분산 또는 표준편차를 모를 때, 표본의 통계치를 이용하여 모집단의 분산 또는 표준편차를 추정한다. 5장 3단원 t-분포에서 언급했듯이, 모집단으로부터 표본을 뽑은 후 분산 s^2을 구할 수 있으며, 이때 표본평균의 분포는 자유도가 $n-1$이고, 평균은 μ, 표준편차는 $s/\sqrt{n}$ 를 갖는 정규분포를 따른다. 표본분산(s^2)들의 평균 즉, $E(s^2)$로 모집단의 분산인 σ^2을 추정할 수 있다.

3. 구간 추정

점 추정은 하나의 값, 모수를 추정하는 것인데, 구간 추정은 표본으로부터 얻은 통계치(표본평균, 표본분산)을 가지고 모평균 또는 모비율의 신뢰구간을 추정하는 것이다. 다시 말해, 모집단의 모평균 또는 모비율이 특정한 구간 안에 존재할 것이라는 것을 95% 또는 99%의 신뢰를 가지고 추정하는 것이다. 여기서 말한 95% 또는 99%를 일반적으로 신뢰도 또는 신뢰수준이라고 한다. 예를 들어, 구간 추정은 "나는 95%의 확신을 가지고 전국 성인남자의 키가 160㎝에서 185㎝ 사이에 있다고 추정해!" 또는 "나는 99% 확신을 가지고 전국 성인여자의 키가 150㎝에서 175㎝ 사이에 있다고 추정해!"와 같이 말하는 것과 같은 의미다. 구간 추정은 세 개의 소단원으로 구성한다. 첫번째는 모집단의 평균과 분산을 알고 있을 때, 두 번째는 모집단의 평균은 알고 있는데 분산을 모를 때, 그리고 세 번째는 모집단의 비율을 알고 있을 때 비율에 대한 구간 추정이다.

1) 만약 모집단의 평균과 분산을 알고 있다면, 표본평균의 분포는 정규분포를 따르고, 다음과 같이 식의 전개에 의해 신뢰구간을 구할 수 있다. 표본평균의 분포는 아래와 같이 정규분포를 따른다.

$$\overline{X} \sim N\left(\mu,\ \frac{\sigma^2}{n}\right)$$

표준정규분포로 변환하기 위한 변환식은

$$Z = \frac{\overline{X} - \mu}{\dfrac{\sigma}{\sqrt{n}}} \ -\ 식(1)$$

이다. 식(1)에서 분모를 왼쪽으로 이동시켜 전개하면 다음과 같다.

$$Z \frac{\sigma}{\sqrt{n}} = \overline{X} - \mu$$

다시 μ는 왼쪽으로 이동시키고, 왼쪽에 있는 항을 오른쪽으로 이동시켜 전개하면 다음 식(2)와 같다.

$$\mu = \overline{X} - Z \frac{\sigma}{\sqrt{n}} \quad - \text{식(2)}$$

식(2)는 μ가 $\overline{X}$ 에서 왼쪽으로 표준편차 $(\sigma/\sqrt{n})$ 의 Z배 떨어진 위치이며, 반대는 식(3)과 같이 μ가 $\overline{X}$ 에서 오른쪽으로 표준편차 $(\sigma/\sqrt{n})$ 의 Z배 떨어진 위치를 말한다.

$$\mu = \overline{X} + Z \frac{\sigma}{\sqrt{n}} \quad - \text{식(3)}$$

따라서, 식(2)와 식(3)으로부터 모평균에 대한 신뢰도 95%의 신뢰구간은 식(4)와 같다.

$$\overline{X} - Z_{0.025} \frac{\sigma}{\sqrt{n}} \leq \mu \leq \overline{X} + Z_{0.025} \frac{\sigma}{\sqrt{n}} \quad - \text{식(4)}$$

신뢰도 99%인 경우, 신뢰 구간은 식(5)와 같다.

$$\overline{X} - Z_{0.005} \frac{\sigma}{\sqrt{n}} \leq \mu \leq \overline{X} + Z_{0.005} \frac{\sigma}{\sqrt{n}} \quad - \text{식(5)}$$

식(4)에서 $Z_{0.025}$는 1.96이고, 식(5)에서 $Z_{0.005}$는 2.57이다.

[그림 2]는 95%의 신뢰구간을 표본평균의 정규분포 그래프로 표현한 것이다.

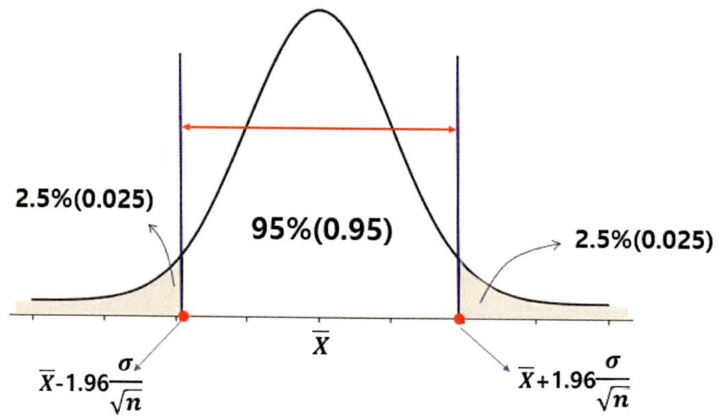

[그림 2] 표본평균의 정규분포에서 95%의 신뢰구간

[그림 2]에서 95%의 확신을 가지고 모집단의 평균이 해당 신뢰구간 안에 있다고 추정하는 것이다.

[그림 3]은 99%의 신뢰구간을 표본평균의 정규분포 그래프로 표현한 것이다.

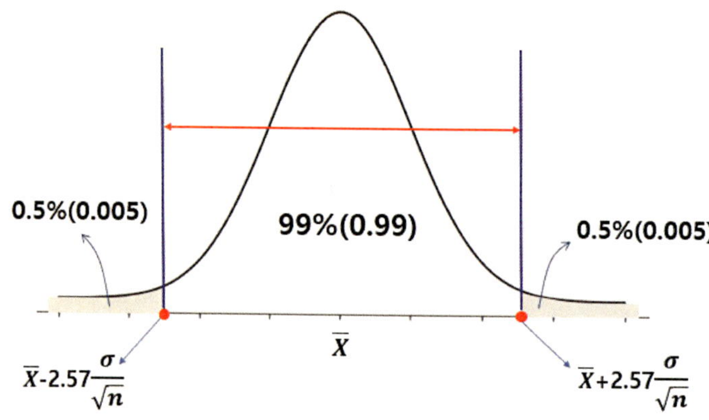

[그림 3] 표본평균의 정규분포에서 99%의 신뢰구간

그럼 이제 예제들을 통해 모집단의 분산 또는 표준편차를 알고 있을 경우, 표본으로부터 모집단 평균의 신뢰구간을 구해보자.

1-1) 베어링을 만드는 한 회사가 있다. 이 회사의 베어링은 자동차에서 사용되며, 원통형의 쇠로 되어 있다. 베어링 원의 지름은 품질을 결정하는 중요한 제품 특성이다. 지금까지 알려진 베어링 원의 지름은 정규분포를 따르며 표준편차는 0.5㎜이다. 표본 30개를 조사해 보니, 표본의 평균은 21.9㎜라고 한다. 이 베어링 원의 지름의 평균을 95%의 신뢰구간과 99%의 신뢰구간으로 각각 추정하면 어떻게 될까?

우선, 각 변수의 값을 정의하면 다음과 같다.

$$n = 30$$

$$\sigma = 0.5$$

$$\overline{X} = 21.9$$

$$Z_{0.025} = 1.96$$

$$Z_{0.005} = 2.57$$

이 변수의 값들을 식(4)와 식(5)에 적용하면 각각 다음과 같다.

$$21.9 - 1.96\frac{0.5}{\sqrt{30}} \leq \mu \leq 21.9 + 1.96\frac{0.5}{\sqrt{30}}$$

$$21.9 - 2.57\frac{0.5}{\sqrt{30}} \leq \mu \leq 21.9 + 2.57\frac{0.5}{\sqrt{30}}$$

따라서 베어링 원의 지름의 평균을 95%의 신뢰구간으로 추정한 결과는

$$21.72 \leq \mu \leq 22.08$$

이며, 99%의 신뢰구간으로 추정한 결과는

$$21.67 \leq \mu \leq 22.14$$

이다.

1-2) 한 회사는 자동차용 배터리를 만드는데, 배터리 극판을 만드는 공정이 있다. 극판의 중요한 품질 특성은 두께이다. 지금까지 알려진 극판두께는 정규분포를 따르며 표준편차는 0.1㎜이다. 표본을 40개 추출하여 극판두께의 평균을 계산해 보니 4.5㎜였다. 극판두께의 평균을 95%와 99%의 신뢰구간으로 각각 추정하면 어떻게 될까?

우선, 각 변수의 값을 정의하면 다음과 같다.

$$n = 40$$

$$\sigma = 0.1$$

$$\overline{X} = 4.5$$

$$Z_{0.025} = 1.96$$

$$Z_{0.005} = 2.57$$

이 변수의 값들을 식(4)와 식(5)에 적용하면 각각 다음과 같다.

$$4.5 - 1.96\frac{0.1}{\sqrt{40}} \leq \mu \leq 4.5 + 1.96\frac{0.1}{\sqrt{40}}$$

$$4.5 - 2.57\frac{0.1}{\sqrt{40}} \leq \mu \leq 4.5 + 2.57\frac{0.1}{\sqrt{40}}$$

따라서 배터리 두께의 평균을 95%의 신뢰구간으로 추정한 결과는

$$4.47 \leq \mu \leq 4.53$$

이며, 99%의 신뢰구간으로 추정한 결과는

$$4.46 \leq \mu \leq 4.54$$

이다.

1-3) 어떤 사람은 코로나로 사망한 사람들의 평균나이를 추정해보려고 한다. 지금까지 전 세계에서 코로나로 사망한 사람은 698만 명으로 이를 다 조사하기는 어려운 상황이다. 주변 지역의 약 30명의 코로나 사망자를 조사해본 결과 평균 사망나이는 55세로 확인되었다. 또한 자료를 통해 코로나 사망자의 나이는 정규분포를 따르며, 표준편차는 5.5세로 알려져 있다. 이럴 경우, 신뢰도 95%와 99%로 코로나 사망자의 평균 나이에 대한 구간추정을 하면 어떻게 될까?

우선, 각 변수의 값을 정의하면 다음과 같다.

$$n = 30$$

$$\sigma = 5.5$$

$$\overline{X} = 55$$

$$Z_{0.025} = 1.96$$

$$Z_{0.005} = 2.57$$

이 변수의 값들을 식(4)와 식(5)에 적용하면 각각 다음과 같다.

$$55 \ - \ 1.96\frac{5.5}{\sqrt{30}} \ \leq \mu \leq 55 + 1.96\frac{5.5}{\sqrt{30}}$$

$$55 \ - \ 2.57\frac{5.5}{\sqrt{30}} \ \leq \mu \leq 55 + 2.57\frac{5.5}{\sqrt{30}}$$

따라서 코로나 사망자의 나이 평균을 95%의 신뢰구간으로 추정한 결과는

$$53.04 \ \leq \ \mu \ \leq \ 56.96$$

이며, 99%의 신뢰구간으로 추정한 결과는

$$52.43 \ \leq \ \mu \ \leq \ 57.96$$

이다.

2) 만약 모집단이 정규분포를 따르고 분산을 알지 못하면, 표본평균의 분포는 자유도가 $n - 1$인 t-분포를 따르며, 다음과 같이 식의 전개에 의해 신뢰구간을 구할 수 있다.

$$\overline{X} \ \sim \ t_{n-1}$$

t의 값은 식(6)과 같이 구할 수 있다. 식(6)에서 s는 표본의 표준편차이며, 이 표준편차를 구하는 식은 t-분포에서 자세히 설명하였다.

$$t_{n-1} = \frac{\overline{X} - \mu}{\frac{s}{\sqrt{n}}} \;-\; 식(6)$$

식(6)에서 분모를 왼쪽으로 이동시켜 전개하면 다음과 같다.

$$t_{n-1}\frac{s}{\sqrt{n}} = \overline{X} - \mu$$

다시 μ는 왼쪽으로 이동시키고, 왼쪽에 있는 항을 오른쪽으로 이동시켜 전개하면 다음 식 (7)과 같다.

$$\mu = \overline{X} - t_{n-1}\frac{s}{\sqrt{n}} \;-\; 식(7)$$

식(7)은 μ가 $\overline{X}$ 에서 왼쪽으로 표준편차 $(s/\sqrt{n})$ 의 t_{n-1}배 떨어진 위치이며, 반대는 식(8)과 같이 μ가 $\overline{X}$ 에서 오른쪽으로 표준편차 $(s/\sqrt{n})$의 t_{n-1}배 떨어진 위치를 말한다.

$$\mu = \overline{X} + t_{n-1}\frac{s}{\sqrt{n}} \;-\; 식(8)$$

따라서, 식(7)과 식(8)로부터 모평균에 대한 95%의 신뢰구간은 식(9)와 같이 추정할 수 있다.

$$\overline{X} - t_{0.025,n-1}\frac{s}{\sqrt{n}} \leq \mu \leq \overline{X} + t_{0.025,n-1}\frac{s}{\sqrt{n}} \;-\; 식(9)$$

또한 99%의 신뢰구간은 식(10)과 같이 추정할 수 있다.

$$\overline{X} - t_{0.005,n-1}\frac{s}{\sqrt{n}} \leq \mu \leq \overline{X} + t_{0.005,n-1}\frac{s}{\sqrt{n}} \;-\; 식(10)$$

식(9)에서 $t_{0.025,\,n-1}$과 $t_{0.005,\,n-1}$은 각각 표준정규분포와 같이 1.96과 2.57이 아니다. t-분포는 평균은 0이고 정규분포를 따르지만, 자유도에 따라 모양이 달라지기 때문에 결국 표본의 크기(n)에 따라 $t_{0.025,\,n-1}$과 $t_{0.005,\,n-1}$은 달라진다. 이 값을 구하는 파이썬 코드와 R코드는 t분포 단원에 있으니, 참조하기 바란다. 예제를 통해 해당 코드는 다시 소개하도록 한다.

[그림 4]는 95%의 신뢰구간을 표본평균의 t-분포 그래프로 표현한 것이다. 표준정규분포의 경우 평균이 0이기 때문에 양쪽 빨간 점의 위치가 ±1.96의 위치였지만, t-분포에서는 n의 값에 따라 빨간점의 위치값이 달라진다. [그림 4]에서 95%의 확신을 가지고 모집단의 평균이 해당 신뢰구간안에 있다고 추정하는 것이다

그럼 이제 예제들을 통해 모집단의 표준편차를 모를 경우, 표본으로부터 모집단 평균의 신뢰구간을 구해보자.

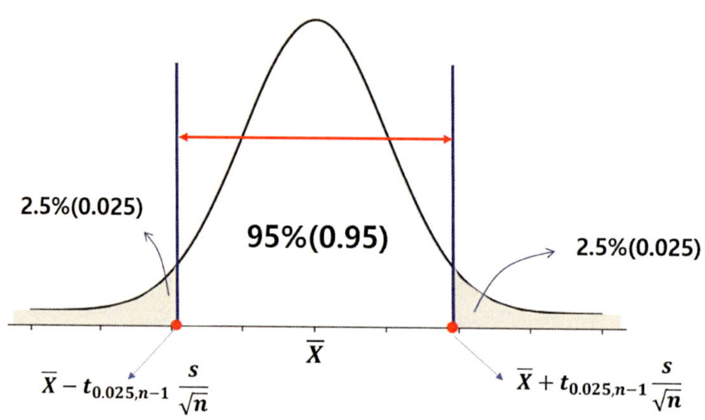

[그림 4] 표본평균의 t-분포에서 95%의 신뢰구간

2-1) 테니스공을 만드는 회사가 있다. 테니스 공의 무게의 평균에 대한 신뢰구간을 구하려고 한다. 이 공장에서 하루 생산하는 테니스 공은 약 3000개이다. 표본을 10개 추출하여 무게를 측정해보았더니, 다음과 같았다.

560g, 575g, 580g, 565g, 570g, 572g, 590g, 564g, 559g, 585g

이 공장에서 생산하는 테니스 공의 무게는 정규분포를 따르며, 표준편차는 알지 못한다. 테니스 공 무게의 평균에 대한 95% 신뢰구간과 99%의 신뢰구간을 추정하면 어떻게 될까?

우선, 표본의 평균을 구해보면,

$$\overline{X} = 572g$$

이다. 이번에는 표본의 분산과 표준편차를 구해보자.

$$s^2 = \frac{\sum(X_i - \overline{X})^2}{n-1}$$

$$= \frac{12^2 + 3^2 + 8^2 + 7^2 + 2^2 + 0^2 + 18^2 + 8^2 + 13^2 + 13^2}{9}$$

$$= 110.67$$

따라서, 표본의 표준편차

$$s = \sqrt{110.67}$$

$$= 10.52$$

이다.

이제 $t_{0.025,\,9}$과 $t_{0.005,\,9}$를 각각 구해보자.

우선, $t_{0.025,\,9}$을 구하기 위한 파이썬 코드와 R코드는 다음과 같다.

```python
import scipy.stats as ss
stat = ss.t.ppf(0.975, df=9)
print(stat)

2.2621571628540993
```

```r
> qt(0.975, df=9)
[1] 2.262157
```

따라서 $t_{0.025,\,9}$ = 2.26이다.

이번에는 $t_{0.005,\,9}$을 구하기 위한 파이썬 코드와 R코드는 다음과 같다.

```python
import scipy.stats as ss
stat = ss.t.ppf(0.995, df=9)
print(stat)
```

```
3.2498355415921254
```

```r
> qt(0.995, df=9)
[1] 3.249836
```

따라서 $t_{0.005,\,9}$ = 3.25이다.

이제 식(9)와 식(10)에 각각 이를 적용하면 다음과 같다.

$$572 - 2.26\frac{10.52}{\sqrt{10}} \le \mu \le 572 + 2.26\frac{10.52}{\sqrt{10}}$$

$$572 - 3.25\frac{10.52}{\sqrt{10}} \le \mu \le 572 + 3.25\frac{10.52}{\sqrt{10}}$$

따라서 테니스 공 무게의 평균을 95%의 신뢰구간으로 추정한 결과는

$$564.48 \le \mu \le 579.52$$

이며, 99%의 신뢰구간으로 추정한 결과는

$$561.19 \le \mu \le 582.81$$

이다.

2-2) 어떤 맥주회사에서는 맥주병에 담는 맥주용량의 평균값에 대한 신뢰구간을 구하고 싶어한다. 맥주병에 담기는 맥주의 용량은 정규분포를 따르며, 표준편차는 알지 못한다. 맥주 표본을 15개 추출하여 맥주의 용량을 측정해 보았더니, 다음과 같았다.

493ml, 501ml, 505ml, 497ml, 495ml, 504ml, 502ml, 501ml, 500ml, 498ml, 506ml, 500ml, 492ml, 499ml, 501ml

맥주 평균 용량에 대한 95%의 신뢰구간과 99%의 신뢰구간을 추정하면 어떻게 될까?

우선, 표본의 평균을 구해보면,

$$\overline{X} = 499.6ml$$

이다.

이번에는 표본의 분산과 표준편차를 구해보자.

$$s^2 = \frac{\sum(X_i - \overline{X})^2}{n-1}$$

$$= \frac{233.66}{14}$$

$$= 16.69$$

따라서, 표본의 표준편차

$$s = \sqrt{16.69}$$

$$= 4.08$$

이다.

이제 $t_{0.025,\,14}$과 $t_{0.005,14}$를 각각 구해보자.

우선, $t_{0.025,\,14}$을 구하기 위한 파이썬 코드와 R코드는 다음과 같다.

```python
import scipy.stats as ss
stat = ss.t.ppf(0.975, df=14)
print(stat)
```

```
2.1447866879169273
```

```r
> qt(0.975, df=14)
[1] 2.144787
```

따라서 $t_{0.025,\,14}$ = 2.14이다.

이번에는 $t_{0.005,\,14}$을 구하기 위한 파이썬 코드와 R코드는 다음과 같다.

```python
import scipy.stats as ss
stat = ss.t.ppf(0.995, df=14)
print(stat)
```

```
2.976842734370834
```

```r
> qt(0.995, df=14)
[1] 2.976843
```

따라서 $t_{0.005,\,14}$ = 2.98이다.

이제 식(9)와 식(10)에 각각 이를 적용하면 다음과 같다.

$$499.6 - 2.14\frac{4.08}{\sqrt{15}} \leq \mu \leq 499.6 + 2.14\frac{4.08}{\sqrt{15}}$$

$$499.6 - 2.98\frac{4.08}{\sqrt{15}} \leq \mu \leq 499.6 + 2.98\frac{4.08}{\sqrt{15}}$$

따라서 맥주병에 든 맥주용량의 평균을 95%의 신뢰구간을 추정한 결과는

$$497.35 \leq \mu \leq 501.85$$

이며, 99%의 신뢰구간을 추정한 결과는

$$496.46 \leq \mu \leq 502.74$$

이다.

3) 이번에는 모집단의 모비율에 대한 신뢰구간을 추정하는 방법에 대해서 알아보자. 모집단
의 비율이 정규분포를 따르면 다음 Z는 표준정규분포를 따른다.

$$Z = \frac{\hat{p} - p}{\sqrt{\dfrac{\hat{p}(1 - \hat{p})}{n}}} \quad -\ \text{식(11)}$$

식(11)에서 p는 모집단의 비율이며, $\hat{p}$은 표본의 비율이다. 식(11)에서 표본비율의 표준편차
는 $\sqrt{\dfrac{\hat{p}(1-\hat{p})}{n}}$ 이다. 이항분포에서 n번 시도에서 X번 성공이 나오는 비율 $p = X/n$이고, 이항분
포의 분산 $Var(X) = np(1 - p)$이므로, $Var(p)$는 다음 식과 같이 구할 수 있다.

$$Var(p) = Var\left(\frac{X}{n}\right)$$

$$= \frac{Var(X)}{n^2}$$

$$= \frac{np(1 - p)}{n^2}$$

$$= \frac{p(1 - p)}{n}$$

따라서, 비율에 대한 표준편차는 $\sqrt{\dfrac{p(1-p)}{n}}$ 이다.

또한 Z는 표준정규분포를 따르기 때문에 모비율에 대한 신뢰구간을 추정하는 방법은 모집단이 정규분포이고 표준편차를 알고 있는 경우와 같다. 따라서 모비율에 대한 95% 신뢰구간과 99% 신뢰구간을 추정하는 식은 식(12)와 식(13)과 같다.

$$\hat{p} - Z_{0.025}\sqrt{\frac{\hat{p}(1-\hat{p})}{n}} \leq p \leq \hat{p} + Z_{0.025}\sqrt{\frac{\hat{p}(1-\hat{p})}{n}} \quad - \text{식(12)}$$

$$\hat{p} - Z_{0.005}\sqrt{\frac{\hat{p}(1-\hat{p})}{n}} \leq p \leq \hat{p} + Z_{0.005}\sqrt{\frac{\hat{p}(1-\hat{p})}{n}} \quad - \text{식(13)}$$

위 식에서 $1 - \hat{p}$ 을 $\hat{q}$ 이라고도 쓴다. 그리고 표준정규분포에서 $Z_{0.025}$은 1.96이며, $Z_{0.005}$는 2.57이다.

그럼 이제 예제를 통해 모비율에 대한 신뢰구간을 추정해 보자.

3-1) 스마트폰을 만드는 회사가 있다. 스마트폰 제품 중 불량률에 대한 신뢰구간을 추정하려고 한다. 표본 100개를 랜덤하게 추출하여 불량품의 개수를 확인해보니 2개가 나왔다. 즉 표본의 불량률은 2%이며, 양품률은 98%이다. 이 회사에서 생산하는 스마트폰의 불량률에 대한 95%의 신뢰구간과 99%의 신뢰구간을 추정하면 어떻게 될까?

우선, 다음과 같이 변수들을 정의할 수 있다.

$$n = 100$$

$$\hat{p} = 0.02$$

$$1 - \hat{p} = 0.98$$

$$Z_{0.025} = 1.96$$

$$Z_{0.005} = 2.57$$

이 변수들을 식(12)와 식(13)에 적용하면 다음과 같다.

$$0.02 \;-\; 1.96\sqrt{\frac{(0.02)(0.98)}{100}} \le p \le 0.02 \;+\; 1.96\sqrt{\frac{(0.02)(0.98)}{100}}$$

$$0.02 \;-\; 2.57\sqrt{\frac{(0.02)(0.98)}{100}} \le p \le 0.02 \;+\; 2.57\sqrt{\frac{(0.02)(0.98)}{100}}$$

따라서 스마트폰 불량률에 대한 95%의 신뢰구간을 추정한 결과는

$$0.00 \le p \le 0.047$$

이며, 99%의 신뢰구간으로 추정한 결과는

$$0.00 \le p \le 0.056$$

이다.

3-2) *한 사람이 공인중개사 공부를 하여 1차 시험을 보았다. 이 사람은 이번 시험의 전체 합격률을 추정해 보고 싶어한다. 같은 학원에 다닌 동료들과 소통한 결과 동료 50명 중 12명이 합격하였다. 이번 시험에 전체 지원자는 125,340명이다. 전체 합격률에 대해 동료들과 소통한 표본 결과를 바탕으로 신뢰도 95%와 99%로 구간추정을 하면 어떻게 될까?*

우선, 다음과 같이 변수들을 정의할 수 있다.

$$n = 50$$

$$\hat{p} = 0.24$$

$$1 - \hat{p} = 0.76$$

$$Z_{0.025} = 1.96$$

$$Z_{0.005} = 2.57$$

이 변수들을 식(12)와 식(13)에 적용하면 다음과 같다.

$$0.24 - 1.96\sqrt{\frac{(0.24)(0.76)}{50}} \leq p \leq 0.24 + 1.96\sqrt{\frac{(0.24)(0.76)}{50}}$$

$$0.24 - 2.57\sqrt{\frac{(0.24)(0.76)}{50}} \leq p \leq 0.24 + 2.57\sqrt{\frac{(0.24)(0.76)}{50}}$$

따라서 이번 공인중개사 시험의 합격률에 대한 95%의 신뢰구간을 추정한 결과는

$$0.12 \leq p \leq 0.36$$

이며, 99%의 신뢰구간으로 추정한 결과는

$$0.09 \leq p \leq 0.40$$

3-3) 어떤 사람이 도지사 선거에 나가려고 한다. 성인 1500명을 대상으로 이 사람의 지지율을 조사하기 위해 설문조사를 실시하였다. 설문조사 결과 95% 신뢰수준에서 지지율 55%가 나왔다. 이때 표본오차는 얼마일까?

이 예제는 우리가 선거때면 쉽게 접할 수 있는 설문조사 결과다. 이때도 모비율에 대한 신뢰구간을 추정하여 표본오차를 구한다.

우선, 다음과 같이 변수들을 정의할 수 있다.

$$n = 1500$$

$$\hat{p} = 0.55$$

$$1 - \hat{p} = 0.45$$

$$Z_{0.025} = 1.96$$

이 변수들을 식(12)와 식(13)에 적용하면 다음과 같다.

$$0.55 - 1.96\sqrt{\frac{(0.55)(0.45)}{1500}} \leq p \leq 0.55 + 1.96\sqrt{\frac{(0.55)(0.45)}{1500}}$$

따라서 어떤 도지사 후보의 지지율 설문조사 결과 95%의 신뢰수준에서의 ± 표본오차 결과는

$$\pm\, 0.025$$

이다. 즉, ±2.5%이다.

7장

통계 검정 개요

통계 검정은 기존의 잘 알려진 내용과 실험 또는 연구를 통해 새롭게 발견하여 주장하고 싶은 내용 중 어떤 것이 더 확률적으로 옳은지 판단하는 것이다. 따라서 하나는 기각하고 다른 하나는 채택하게 된다. 예를 들어, 초등학교 1학년 남자아이의 평균 키는 122㎝로 알려져 있지만, 최근 키가 큰 아이들이 많아서 400명을 조사해 봤더니, 평균 127㎝가 나왔다. 이럴 경우, 초등학교 1학년 남자아이의 평균키는 기존에 알려진 바와 같이 122㎝와 동일한지? 또는 122㎝보다 큰지? 둘 중 어떤 것이 맞는지를 통계 검정을 통해 확인할 수 있다. 통계 검정은 확률적으로 더 옳은 것이 무엇인지를 판단하기 때문에 판단결과가 100% 맞기는 어렵고, 판단결과에 약간의 오류를 범할 가능성이 있게 된다.

위 예에서 초등학교 1학년 남자아이 400명의 평균키가 130㎝가 나왔다면 127㎝가 나왔을 경우에 비해 일반적으로 알려진 122㎝의 키보다 더 클 확률이 높기 때문에 통계 검정에서 122㎝보다 더 크다고 판단할 가능성이 커지게 된다. 반대로 400명의 평균키가 117㎝이 나왔을 경우보다 114㎝가 나왔을 경우가 일반적으로 알려진 122㎝의 키보다 더 작기 때문에 통계 검정에서 122㎝보다 더 작다고 판단할 가능성이 높게 된다. 그럼 이제 통계 검정의 일반적인 내용 및 용어정의를 알아보자.

1. 가설검정의 개념

가설검정은 모집단 특성에 대한 가설을 세우고 표본에서 얻은 정보를 바탕으로 가설의 옳고 그름을 판단하는 것이다. 여기서 모집단의 특성은 모평균, 또는 모분산, 모비율 등이 될 수 있으며, 모집단의 수는 한 개, 두 개, 또는 세 개 이상이 될 수 있다. 또한 표본으로부터 얻은 정보는 일반적으로 표본의 평균 또는 표본의 표준편차이며, 이를 사용하여 통계 검정을 하기 위해 만드는 정보를 검정통계량이라고 한다.

가설은 두 개로 구분한다. 하나는 귀무가설(Null Hypothesis)로써 모집단에서 기존에 알고 있는 또는 잘 알려진 정보이다. 다시 말해, 모집단이 어떤 특징을 지닐 것으로 여겨지는 정보로 보통 차이가 없다, 같다 등과 같이 표현한다. 기호로는 H_0로 표현하며, 앞에서도 설명했듯이 실험 또는 연구를 통해 기각하고자 하는 가설이다. 귀무가설과 반대되는 가설은 대립가설(Alternative Hypothesis)이다.

대립가설은 귀무가설과 반대되는 가설로 실험 또는 연구를 통해 증명하거나, 주장하고자 하는 가설이다. 대립가설은 보통 차이가 있다, 같지 않다, 크다, 작다 등과 같이 표현하며, 기호로는 H_1으로 표현한다. 대립가설을 채택하기 위해서는 표본으로부터 귀무가설을 기각할 만한 확실한 정보가 나와야 한다. 그렇지 않으면 대립가설을 채택할 수 없다.

통계 검정에서는 귀무가설과 대립가설 중 하나만 채택한다. 다시 말해, 귀무가설을 채택하면 대립가실은 기각히고, 대립가설을 채택하면 귀무가설은 기각한다.

2. 제1종 오류와 제2종 오류

앞에서 통계 검정은 약간의 오류를 범할 가능성이 있다고 하였다. 이를 제1종 오류와 제2종 오류라고 한다.

제1종 오류는 귀무가설이 사실인데, 귀무가설을 기각하고 대립가설을 채택하는 오류이다. 즉, 기존에 잘 알려진 모집단의 정보가 맞는데, 이를 기각하고 이와 대치되는 대립가설을 채택할 때 발생하는 오류이다. 위 예제에서 귀무가설은 모집단의 평균 즉, "초등학교 1학년 남자아이의 평균키는 122㎝와 같다"고 정의할 수 있으며, 대립가설은 "초등학교 1학년 남자아이의 평균키는 122㎝보다 크다"고 정의할 수 있다. 400명의 초등 1학년 남자아이의 키를 조사하였더니 평균이 127㎝가 나와서, 통계 검정을 통해 귀무가설을 기각하고 대립가설을 채택했다고 하자. 다시 말해, 통계 검정을 통해 "초등학교 1학년 남자아이의 평균키는 122㎝보다 크다"라는 결론을 냈다고 하자. 하지만, 나중에 사실을 확인해 보니, 귀무가설이 맞았다면, 즉 초등학교 1학년 남자아이의 키의 평균은 122㎝였다며, 이 통계 검증은 제1종 오류를 범한 것이다. 뒤에서 설명하겠지만, 제1종 오류를 범할 최대한도의 허용범위를 유의수준(Significance Level)이라고 한다. 일반적으로 유의수준은 5% 또는 1%로 설정한다.

제2종 오류는 귀무가설이 사실이 아닌데, 대립가설을 기각하고 귀무가설을 채택할 때 발생하는 오류이다. 즉, 기존에 잘 알려진 모집단의 정보가 잘못되었는데, 이를 채택하고 대립가설을 기각하는 오류이다. 위의 예제에서 초등 1학년 400명의 평균키가 127㎝가 나왔는데, 통계 검정에서 귀무가설을 채택하고, 대립가설을 기각하였다고 하자. 다시 말해, 표본 400명의 평균 키, 127㎝라는 정보를 가지고서는 122㎝보다 크다고 할 수 있는 충분한 정보가 되지 못해, 귀무가설인 초등 1학년 남자아이의 평균 키는 122㎝이다라는 결론을 냈다고 하자. 하지만 나중에 사실을 확인해 보니, 초등 1학년의 평균키는 122㎝보다 커졌다는 것이 사실이었다면 통계 검정은 귀무가설을 기각하고 대립가설을 채택했어야 하는데, 이와 반대로 하여 제2종 오류를 범한 것이 된다.

제1종 오류와 제2종 오류는 하나를 줄이면 하나는 커지게 된다. 따라서 이의 조절이 필요하겠지만, 제1종 오류를 범할 최대 허용범위를 유의수준이라고 하는데, 이를 보통 5% 또는 1%로 설정하여 사용한다. 아래 [표 1]은 통계 검정 오류를 정리한 내용이다.

[표 1] 통계 검정의 제1종 오류와 제2종 오류

구분	H_0 채택(H_1 기각)	H_0 기각(H_1 채택)
H_0 사실	올바른 결정	**제1종 오류**
H_0 거짓	**제2종 오류**	올바른 결정

3. 검정 통계량(Test Statistic)

검정 통계량(Test Statistic)은 표본과 모집단의 평균 또는 표준편차와 같은 정보를 특정 수식에 적용하여 얻는 값으로 귀무가설의 채택 여부를 결정한다. 따라서 통계 검정을 수행하기 위한 가장 중요한 정보라고 할 수 있다. 여기서 특정 수식은 표본의 분포에 따라 다르다. 다음은 각 표본분포에 따라 검정통계량을 구하는 수식을 표현한 것이다. 8장에서 통계 검정을 수행할 때 이 수식들을 사용하며 자세히 설명한다.

Z-검정 통계량(모집단의 평균은 μ, 표준편차는 σ) : 모집단의 평균 검정

$$Z = \frac{\overline{X} - \mu}{\frac{\sigma}{\sqrt{n}}}$$

t-검정 통계량(모집단의 표준편차를 모르는 경우, 모집단 평균은 μ) : 모집단의 평균 검정

$$t_{n-1} = \frac{\overline{X} - \mu}{\frac{s}{\sqrt{n}}}$$

χ^2-검정 통계량(모집단의 분산은 σ^2) : 모집단의 분산 검정

$$\chi^2_{n-1} = \frac{(n-1)s^2}{\sigma^2}$$

또는 범주형 변수간 교차검정의 경우(적합성 검정, 독립성 검정),

$$\chi^2 = \frac{\sum(O - E)^2}{E}$$

비율(p)-검정 통계량(모비율은 p) : 모비율에 대한 검정

$$Z = \frac{\hat{p} - p}{\sqrt{\dfrac{p(1-p)}{n}}}$$

F-검정 통계량(두 모집단의 분산을 모를 경우): 두 모집단의 분산 검정

$$F = \frac{s_1^2}{s_2^2}$$

4. 기각역(Critical Region)

기각역(Critical Region)은 귀무가설을 기각하고 대립가설을 채택할 수 있는 검정통계량의 영역이다. 만약 검정통계량이 기각역에 위치해 있으면 귀무가설을 기각하고 대립가설을 채택한다. [그림 1]에서 빨간선은 표준정규분포의 기각역을 표시한 것이다. 만약 Z-검정 통계량이 해당 위치에 오게 되면 귀무가설을 기각하고 대립가설을 채택한다.

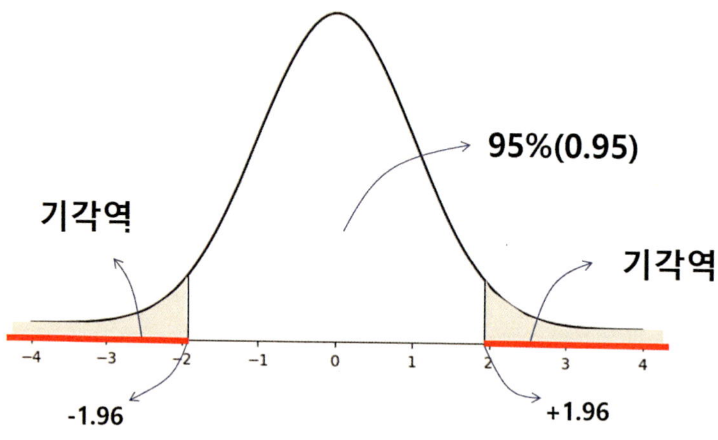

[그림 1] 표준정규분포에서의 기각역

[그림 1]에서 Z-검정 통계량이 1.96보다 크거나, -1.96보다 작으면 기각역에 위치한 것이기 때문에 귀무가설을 기각한다. 다시 말해, 정규분포의 표본으로부터 계산된 Z-검정 통계량은 대부분 95%의 확률로 ±1.96 내에 위치하는데, 그 바깥으로 벗어났다는 것은 확률적으로 매우 낮은 경우(5% 이내)에 해당하며, 이는 표본의 평균이 모집단의 평균과 같지 않다는 근거로 충분하다는 것이다. 반대로 Z-검정 통계량이 ±1.96 내에 위치하면 귀무가설을 채택한다. 즉, 표본의 평균은 모집단의 평균과 큰 차이가 없이 같다고 판단하는 것이다. 또한 기각역에서 경계값을 임계값(Critical Value)이라고 한다. [그림 1]에서의 임계값은 각각 1.96과 -1.96이다.

Z-검정 통계량 외에 다른 검정 통계량의 기각역은 자유도와 분포에 따라 다르다. 다시 말해, t-검정 통계량, 카이제곱(χ^2)-검정 통계량, 그리고 F-검정 통계량의 기각역은 자유도와 해당 분포에 따라 다른 값을 갖는다. 해당 기각역을 구하는 방법은 해당 통계 검정에서 자세히 다룬다.

5. 유의수준(Significance Level)

유의수준(Significance Level)은 제1종 오류를 범할 최대 허용 한계이며, α로 표현한다. 즉, 귀무가설이 참인데도 귀무가설을 기각하고 대립가설을 채택하는 제1종 오류를 범할 최대 허용 한계이다. 통계검정에서 귀무가설을 기각하고 대립가설을 채택할 때는 약간의 오류(제1종 오류)를 범할 각오로 채택하게 되는데, 이 약간의 오류의 최대 허용 한도가 유의수준이다. 일반적으로 유의수준을 5%(0.05) 또는 1%(0.01)로 설정한다.

[그림 1]에서의 유의수준은 5%이다. 그 이유는 귀무가설 채택영역의 확률이 95%이고, 기각역에서의 양쪽 면적(확률)이 5%이기 때문이다. 유의수준이 5%라는 것은 Z-검정과 t-검정과 같은 정규분포 그래프에서 한쪽 끝 면적은 5%의 반, 2.5%(0.025)라는 말이다. 또한 유의수준이 1%라는 것은 정규분포 그래프에서 한쪽 끝 면적은 1%의 반, 0.5%(0.005)라는 말이다. [그림 2]는 유의수준이 1%인 경우의 기각역과 유의수준을 나타내고 있다.

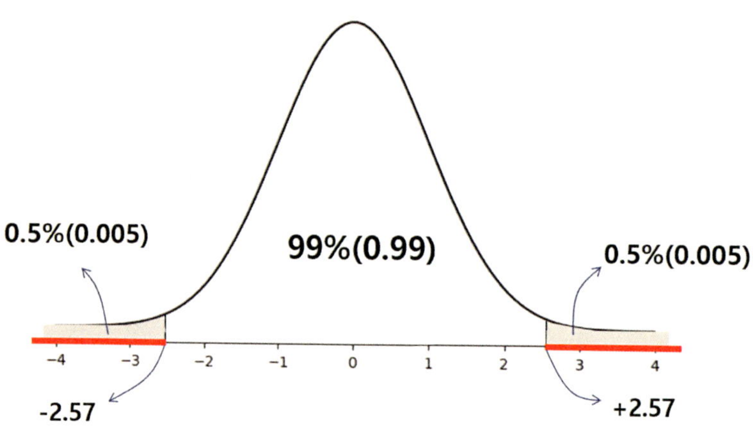

[그림 2] 표준정규분포에서 기각역과 유의 수준(1%)

[그림 1]에서 검정통계량이 해당 기각역에 위치하게 되면 5% 이내의 제1종 오류를 범할 각오로 귀무가설을 기각하고 대립가설을 채택하게 된다. 또한 [그림 2]에서 검정통계량이 해당 기각역에 위치하게 되면, 1% 이내의 제1종 오류를 범할 각오로 귀무가설을 기각하고 대립가설을 채택하게 된다. 제1종 오류를 줄일 수 있으면 좋겠지만, 제1종 오류를 줄이면 제2종 오류가 그만큼 커진다.

6. 유의확률(Significance Probability)

　유의확률(Significance Probability)은 귀무가설을 지지하는 정도를 나타내는 확률이며, 일반적으로 $p-value$로 표현한다. 만약 $p-value$가 유의수준보다 작으면 해당 결과가 나올 확률이 매우 적다는 의미로 귀무가설을 기각하고 대립가설을 채택한다. 반대로 $p-value$가 유의수준보다 크면 귀무가설을 채택한다.

　[그림 3]은 표준정규분포에서 95% 유의수준과 유의확률 0.002를 표현한 그림이다. [그림3]에서 유의확률은 양쪽 파란색 면적인 0.002이다. 그림에서 노란색 별이 Z-검정통계량을 나타낸다. Z-검정 통계량이 기각역(빨간선)에 위치해 있기 때문에 귀무가설을 기각하고 대립가설을 채택한다. 유의확률로 보면 유의수준이 5% 즉 0.005이고 유의확률은 0.002로 유의확률이 유의수준보다 작기 때문에 귀무가설을 기각하고 대립가설을 채택한다. 다시 말해, 표본의 평균은 $\mu \pm 1.96\sigma$(모집단의 평균에서 ±1.96배의 표준편차) 밖으로 벗어날 확률은 5% 이내로 매우 작기 때문에 이런 경우가 발생했다는 것은 모집단의 평균이 기존 알려진 μ와 같지 않다고 판단하는 것이다.

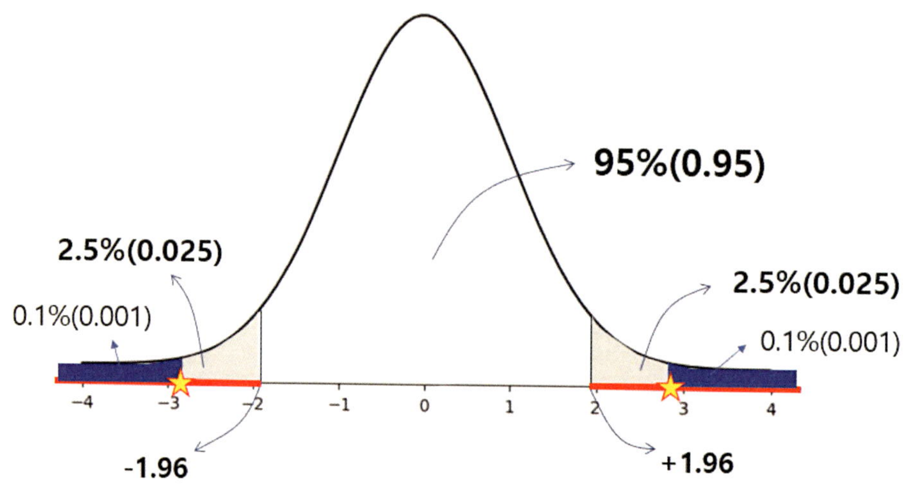

[그림 3] 95% 유의수준과 유의확률

반대로 Z-검정 통계량이 $\mu \pm 1.96\sigma$ 안쪽에 위치하면 해당 위치에서의 양쪽 면적은 5%보다 크다. 다시 말해 유의확률은 유의수준, 0.05보다 크기 때문에 귀무가설을 채택하고 대립가설을 기각한다.

8장

통계 검정
(Statistical Test)

통계 검정에는 7장에서 언급했듯이, Z-검정, t-검정, 카이제곱(χ^2)-검정, F-검정이 있다. 또한 통계 검증은 모집단이 하나인 경우(하나의 표본; One Sample)와 두 개인 경우(두 개의 표본; Two Sample)로 나눌 수 있다. 그리고 단측검정을 할 수 있고, 양측검정을 할 수 있다. 이 장에서는 예제를 통해 각 검정을 자세히 소개하고 파이썬과 R코드를 통해서도 검정하는 방법을 소개한다.

1. Z-검정

Z-검정은 모집단의 평균과 분산을 알고 있을 경우, 표본의 정보(표본의 크기, 표본의 평균)를 이용하여 검정통계량을 구한 후 모집단의 평균이 특정값보다 큰지, 작은지 또는 같은지를 검정하는 통계 분석 방법이다. Z-검정은 모비율을 검정하는 경우에도 사용한다.

Z-검정의 검정통계량은 7장에서도 언급했듯이 다음과 같다.

$$Z = \frac{\overline{X} - \mu}{\frac{\sigma}{\sqrt{n}}}$$

1) 단측검정(Z-검정)

단측검정은 모집단의 평균이 "특정값보다 크다" 또는 "특정값보다 작다"와 같이 한쪽 방향성을 갖는 경우이다. 단측검정에서 귀무가설(H_0)이 "모집단의 평균은 어떤 특정값 이하이다"면, 반대로 대립가설(H_1)은 "모집단의 평균은 어떤 특정값보다 크다"이다. 예를 들어보자.

지우개를 만드는 공장이 있다고 한다. 지우개의 무게는 정규분포를 따른다고 한다. 지우개의 평균 무게는 40g이고, 분산은 4g이다. 표본을 40개 뽑아서 평균을 구해보니, 40.3g이 나왔다. 유의수준 5%로 통계 검정하였을 때 지우개의 무게가 40g보다 크다고 주장할 수 있을까?

귀무가설과 대립가설은 다음과 같다.

- 귀무가설(H_0): $\mu \leq 40$g
- 대립가설(H_1) : $\mu > 40$g

Z-검정통계량을 구해보자.

$$Z = \frac{40.3 - 40}{\frac{2}{\sqrt{40}}}$$

$$= 0.95$$

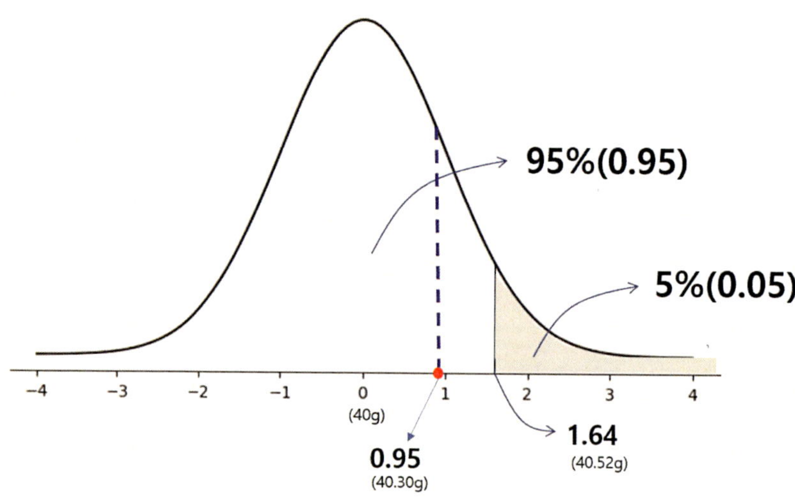

[그림 4] Z-검정통계량의 위치와 유의확률 구하기

이제 유의확률을 구해보자. 유의확률, $p - value$는 [그림 4]에서 검정통계량이 위치한 빨간 점 위의 파란선 오른쪽의 면적이다. 이를 파이썬 또는 R코드로 구하면 다음과 같다.

```python
import scipy.stats as ss
prob = 1-ss.norm.cdf(0.95)
print(prob)
```

```
0.17105612630848177
```

```r
> 1-pnorm(0.95)
[1] 0.1710561
```

따라서 유의확률은 0.171로 유의수준 0.05보다 크기 때문에 귀무가설을 채택한다. 결론적으로 지우개의 무게는 40g보다 크다고 주장하기는 표본 통계치만 가지고 충분하지 않다는 것이다. 비록 표본의 평균이 모집단의 평균인 40g보다 약간 크게 나왔지만, 이 정도 가지고는 크다고 주장하기는 어렵다는 의미다. 더 커야 한다는 것이다. [그림 4]에서 오른쪽 면적이 5%가 되는 지점은 1.64이며, 이 지점이 기각을 위한 임계값(Critical Value)으로 지우개의 무게로는 40.52g이다. 즉, 표본의 평균이 40.52g 이상이 되어야 유의확률은 0.05보다 작게 되어, 지우개의 무게가 40g보다 크다고 주장하는 대립가설을 채택할 수 있게 되는 것이다. 40.52g은 아래와 같이 계산되었다. Z-검정통계량에서 분모를 왼쪽으로 이동시키고, 모집단의 평균도 왼쪽으로 이동시키면,

$$Z \frac{2}{\sqrt{40}} + 40 = \overline{X}$$

이다. Z에 1.64를 대입하면, 표본의 평균인 $\overline{X}$ 는 40.52g이 된다. 그리고 1.64는 표준정규분포에서 누적확률이 95%인 지점이기 때문에 파이썬이나 R코드는 다음과 같이 구하면 된다.

```python
import scipy.stats as ss
stat = ss.norm.ppf(0.95)
print(stat)
```

```
1.6448536269514722
```

```r
> qnorm(0.95)
[1] 1.644854
```

2) 양측검정(Z-검정)

양측검정은 단측검정과는 다르게 모집단의 평균이 "특정값과 같다" 또는 "특정값과 같지 않다"와 같이 양쪽 방향성을 갖는 경우다. 양측검정에서 귀무가설(H_0)은 "모집단의 평균은 어떤 특정값이다"이고, 대립가설(H_1)은 "모집단의 평균은 어떤 특정값이 아니다"이다. 예를 들어보

자.

한국 대학생들의 한달 용돈 평균은 50만 원이고, 표준편차는 5만 원이라고 한다. 한 대학
의 학생 50명을 조사해 보니, 한달 용돈의 평균이 52.5만 원으로 나타났다. 유의수준 1%
의 통계검정을 통해 한달 용돈 평균이 정말 50만 원이라고 할 수 있는지? 아니면 50만 원
이라고 할 수 없는지? 검정해 보자.

귀무가설과 대립가설은 다음과 같다.

- 귀무가설(H_0) : μ = 50만원
- 대립가설(H_1) : $\mu \neq$ 50만원

단측검정과 마찬가지로 Z-검정통계량을 구해보면,

$$Z = \frac{52.5 - 50}{\dfrac{5}{\sqrt{50}}}$$

$$= 3.54$$

유의확률 $p - value$를 구해보자. 유의확률은 다음과 같이 파이썬이나 R코드로 쉽게 구할
수 있다. 양측이므로 2를 곱했다.

```python
import scipy.stats as ss
prob = 2*(1-ss.norm.cdf(3.54))
print(prob)
```

```
> 2*(1-pnorm(3.54))
[1] 0.000400127
```

0.00040012703201464106

[그림 5]에서 ±3.54를 벗어나는 면적이 0.0004라는 것이다. 따라서 $p-value$가 유의수준 1%, 즉 0.01보다 작기 때문에 귀무가설을 기각하고 대립가설을 채택한다. 다시 말해, 표본의 평균 52.5만 원은 모집단의 평균이 50만 원이 아니라고 주장하기에 확률적으로 충분하다는 것이다. 즉, 99%의 확률(1%의 제1종 오류 가능성)로 대학생의 한 달 용돈은 50만 원이라고 할 수 없다. [그림 5]를 보면, 양측검정에서 유의수준 1%의 기각을 위한 임계값은 ±2.57이다. 3.54는 2.57보다 크기 때문에 기각역에 포함된다.

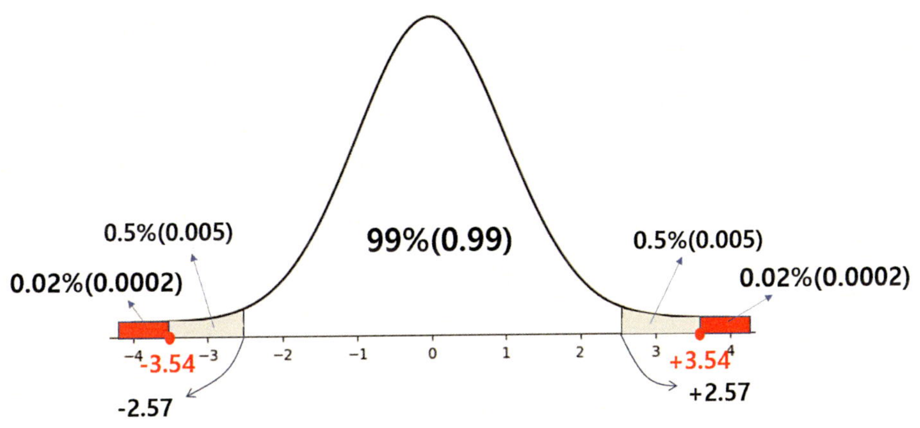

[그림 5] Z-검정통계량의 위치와 유의확률

양측 Z-검정 두 번째 예제는 다음과 같다. 잘 이해가 되었다면 건너뛰어도 된다.

수원에서 서울 강남까지 출퇴근하는 분들의 출근시간은 평균 1시간 10분이 걸린다고 한다. 그리고 출근시간 표준편차는 8분이라고 한다. 수원에 사는 동료 직원 30명을 조사해 보니 출근하는 데 걸리는 시간은 평균 65분으로 나타났다. 5%의 유의수준으로 통계 검정을 통해 출근시간이 기존에 알려진 바와 같이 70분이라고 할 수 있는지? 70분이라고 할 수 없는지? 검정해 보자.

귀무가설과 대립가설은 다음과 같다.

- 귀무가설(H_0) : μ = 70분

- 대립가설(H_1) : $\mu \neq$ 70분

Z-검정통계량을 구해보면,

$$Z = \frac{65 - 70}{\frac{8}{\sqrt{30}}}$$

$$= -3.42$$

이제 유의확률 $p - value$를 구해보자. 유의확률을 구하는 파이썬이나 R코드는 다음과 같다. 코드에서 1에서 빼지 않은 이유는 검정통계량이 음수이기 때문이다.

```python
import scipy.stats as ss
prob = 2*(ss.norm.cdf(-3.42))
print(prob)
```

```
0.0006262113571623993
```

```r
> 2*(pnorm(-3.42))
[1] 0.0006262114
```

유의확률은 0.0006으로 유의수준 0.05보다 작기 때문에 귀무가설을 기각하고 대립가설을 채택한다. 다시 말해, 수원에서 서울 강남까지 출근 시간은 95%의 확률(5%의 제1종 오류의 가능성)로 70분이라고 할 수 없다.

3) 비율검정(Z-검정)

비율검정은 모집단의 비율, p를 표본을 통해 검정하기 위한 것이다. 모비율이 p일 때 표본의 크기가 충분하면 표본의 비율의 분포는 정규분포를 따른다. 이때 표본평균은 $\hat{p}$ 이며, 표본의 분산은 $p(1 - p)/n$이 된다. 표본의 분산이 이렇게 나온 이유는 6장 2단원에서 살펴보았다. 표

본의 분포가 정규분포를 따르기 때문에 Z-검정을 통해 모집단의 비율을 검정할 수 있다. 비율검정에 사용되는 Z-검정통계량은 다음과 같다.

$$Z = \frac{\hat{p} - p}{\sqrt{\dfrac{p(1-p)}{n}}}$$

그럼 예를 들어보자.

어떤 회사에서는 디스플레이 액정패널을 만드는 데, 신규 공정으로 적용하려고 한다. 이 신규 공정으로 만든 제품의 불량율은 20%로 알려져 있다. 최근 만든 제품 100개를 조사해 보니, 불량이 15개 나왔다. 5%의 유의수준으로 통계 검정했을 때, 신규 공정을 적용한 제품의 불량율이 20%라고 할 수 있을까? 아니면 신규 공정 제품의 불량율은 20%가 아니라고 주장할 수 있을까?

귀무가설과 대립가설은 다음과 같다.

- 귀무가설(H_0) : $\mu = 0.2$
- 대립가설(H_1) : $\mu \neq 0.2$

Z-검정통계량을 구해보면,

$$Z = \frac{0.15 - 0.2}{\sqrt{\dfrac{0.2(0.8)}{100}}}$$

$$= -1.25$$

이제 유의확률, $p - value$를 구해보자. 유의확률을 구하는 파이썬이나 R코드는 다음과 같다.

```python
import scipy.stats as ss
prob = 2*(ss.norm.cdf(-1.25))
print(prob)
```

```
> 2*(pnorm(-1.25))
[1] 0.2112995
```

0.2112995473337107

유의확률은 0.21로 유의수준 0.05보다 크기 때문에 대립가설을 기각하고 귀무가설을 채택한다. 다시 말해, 새로운 공정을 적용한 액정패널의 불량율은 95%의 확률(5%의 제1종 오류 가능성)로 20%라고 할 수 있다.

다른 예를 들어보자. 해당 내용이 충분히 이해되었다면, 이 예제는 생략해도 좋겠다.

대통령 후보가 2명 출마하였다. A후보의 지지율은 60%로 알려져 있고, B후보는 30%, 나머지 10%는 모르겠음으로 알려져 있다. 1000명을 대상으로 설문조사를 해보니, 550명이 A후보를 지지하여, A후보의 지지율은 55%로 조사되었다. A후보의 지지율은 60%라고 할 수 있을까? 아니면, A후보의 지지율은 60%가 아니다라고 주장할 수 있을까? 5%의 유의수준으로 통계 검정을 해보자.

귀무가설과 대립가설은 다음과 같다.

- 귀무가설(H_0) : $\mu = 0.6$
- 대립가설(H_1) : $\mu \neq 0.6$

Z-검정통계량을 구해보면,

$$Z = \frac{0.55 - 0.6}{\sqrt{\dfrac{0.6(0.4)}{1000}}}$$

$$= -3.23$$

이제 유의확률, $p - value$를 구해보자. 유의확률을 구하는 파이썬이나 R코드는 다음과 같다.

```python
import scipy.stats as ss
prob = 2*(ss.norm.cdf(-3.23))
print(prob)
```

```r
> 2*(pnorm(-3.23))
[1] 0.001237902
```

```
0.0012379021807736687
```

유의확률은 0.0012로 유의수준 0.05보다 작기 때문에 귀무가설을 기각하고 대립가설을 채택한다. 다시 말해, A후보의 지지율은 95%의 확률(5%의 제1종오류 가능성)로 60%가 아니라고 주장할 수 있다.

2. t-검정

t-검정은 모집단의 분산을 모르고, 표본의 크기가 작을 때 실시한다. 표본의 크기가 클 경우도 t-검정을 실시할 수 있으며, 표본의 크기가 커지면 t-분포는 표준정규분포에 가까워진다. Z-검정과 다른 점은 t-검정은 자유도가 중요하다는 것이다. 앞장 t-분포에서도 언급했지만 t-본포는 자유도에 따라 분포의 모양이 달라진다. 따라서 검정통계량이 같더라도 자유도(표본의 크기 -1)의 값에 따라 유의확률($p - value$)은 달라진다.

t-검정도 Z-검정과 같이 단측검정과 양측검정이 있다. 또한 t-검정은 모집단이 하나인 경우와 모집단이 두 개인 경우로 나누어 볼 수 있다. 모집단이 하나인 경우는 모집단의 평균이 어떤 특정값과 같은지, 아니면 큰지, 작은지를 검정할 수 있다. 모집단이 두개인 경우는 두 모집단의 평균에 차이가 있는지를 검정해 볼 수 있다. 하나의 모집단을 검정하는 것을 영어로 One Sample t-Test라고 한다. 두 개의 모집단간 평균의 차이를 검정하는 것은 다시 두가지로 나누어 볼 수 있다. 하나는 독립표본 t-검정(Independent Sample t-Test)이고, 다른 하나는 대응표본 t-검정(Paired Sample t-Test)이다. 각각에 대해 상세히 알아보자.

1) 단측검정(t-검정)

단측검정은 Z-검정과 마찬가지로 모집단의 평균이 "특정값보다 크다" 또는 "특정값보다 작다"와 같이 한쪽 방향성을 갖는 경우이다. 7장에서도 언급했지만, t-검정통계량은 다음 식과 같이 구할 수 있다. 예를 들어보자.

$$t_{n-1} = \frac{\overline{X} - \mu}{\frac{s}{\sqrt{n}}}$$

한국 대학생들의 하루 동안 핸드폰을 보는 시간은 평균 2시간 20분(140분)이라고 한다. 핸드폰 보는 시간은 정규분포를 따른다고 한다. K대학교 학생 10명을 설문조사한 결과 다음과 같았다. 표본 데이터의 정보를 토대로 한국 대학생들의 하루 핸드폰 보는 시간이 140분 이상이라고 주장할 수 있는지 유의수준 5%로 통계 검정해보자.

NO	1	2	3	4	5	6	7	8	9	10
시간(분)	120	160	145	150	130	135	170	165	125	155

귀무가설과 대립가설은 다음과 같다.

- 귀무가설(H_0) : $\mu \leq 140$
- 대립가설(H_1) : $\mu > 140$

t-검정통계량을 구하기 위해 표본의 평균과 분산을 구해야 한다.
우선 평균을 구하면

$$\overline{X} = 145.5$$

이다.

분산 s^2은 다음 식과 같이 구할 수 있고, 표준편차 s는 분산의 제곱근이다.

$$s^2 = \frac{\sum\left(X_i - \overline{X}\right)^2}{n - 1}$$

$$= 302.5$$

따라서, 표준편차 s는 17.39이다.

t-검정통계량을 구해보자.

$$t_9 = \frac{145.5 - 140}{\dfrac{17.39}{\sqrt{10}}}$$

$$= 1.0$$

이제 유의확률 $p - value$를 구해보자.

유의확률은 다음과 같은 파이썬 또는 R코드로 쉽게 구할 수 있다. 코드에 df는 자유도를 나타낸다.

```python
import scipy.stats as ss
t = 1.0
prob = 1-ss.t.cdf(t, df=9)
print(prob)
```

```
0.17171819806895683
```

```r
> 1-pt(1.0, df=9, lower.tail=T)
[1] 0.1717182
```

유의확률은 0.172로 유의수준 0.05보다 크기 때문에 대립가설을 기각하고 귀무가설을 채택한다. 다시 말해 대학생들의 하루 핸드폰 보는 시간은 140분보다 크다고 할 수 없다. 이를 그림으로 표현하면 [그림 6]과 같다. [그림 6]에서 파란 점선 오른쪽의 면적이 0.172이라는 의미이며, 이 정도로는 대학생들의 하루 핸드폰 보는 시간이 140분보다 크다고 할 수 없다는 의미다. 반대로 t-검정통계량이 1.0보다 더 커서 파란 점선 오른쪽 면적이 0.05보다 작게 되면 귀무가설을 기각하고 대립가설을 채택한다. 이때는 대학생들의 하루 핸드폰 보는 시간은 140분보다 크다고 주장할 수 있게 되는 것이다.

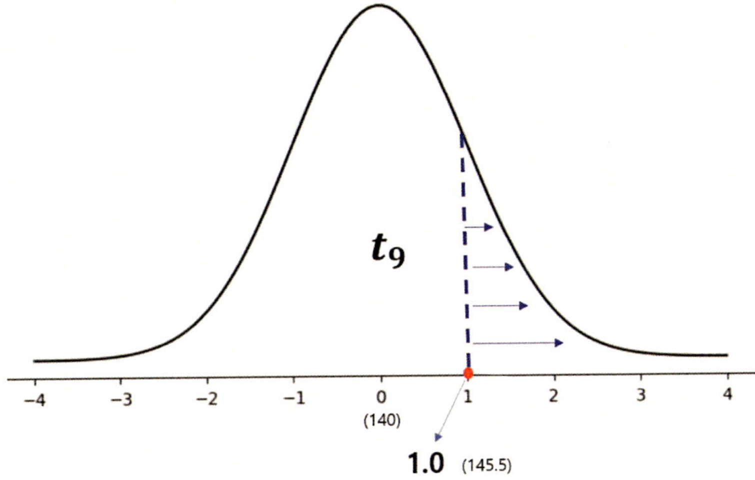

[그림 6] 자유도가 9인 t분포에서 단측 검정(greater)

파이썬 코드로 검정해보면 코드와 결과는 다음과 같다.

```python
import scipy.stats as ss
data = [120, 160, 145, 150, 130, 135, 170, 165, 125, 155]
mu = 140
ss.ttest_1samp(data, mu, alternative="greater")

TtestResult(statistic=1.0, pvalue=0.17171819806895677, df=9)
```

이번에는 R코드로 검정해 보면 코드와 결과는 다음과 같다. R코드는 95% 신뢰구간까지 나오는 것을 확인할 수 있다.

```
> data <- c(120, 160, 145, 150, 130, 135, 170, 165, 125, 155)
> t.test(data, mu=140, alternative='greater')

        One Sample t-test

data:  data
t = 1, df = 9, p-value = 0.1717
alternative hypothesis: true mean is greater than 140
95 percent confidence interval:
 135.4179      Inf
sample estimates:
mean of x
    145.5
```

다른 예제를 들어보자. 이 부분이 충분히 이해되었다면, 이 예제는 생략해도 된다.

서울 직장인들은 평균 점심비용으로 9500원을 지출한다고 한다. 점심비용은 정규분포를 따른다고 한다. 한 직장인은 이를 통계 검정해보기 위해 서울에서 직장생활을 하는 지인 10명(서울 전지역에 랜덤하게 분포되어 있음)을 조사한 결과 다음과 같이 조사되었다. 표본 데이터의 정보를 토대로 서울지역 직장인들의 평균 점심비용은 9500원보다 적다고 주장할 수 있는지 유의수준 5%로 통계 검정해보자.

NO	1	2	3	4	5	6	7	8	9	10
비용(천원)	10	8	8.5	9.5	9	9.5	11	9	10	7.5

귀무가설과 대립가설은 다음과 같다.

- 귀무가설(H_0) : $\mu \geq 9500$
- 대립가설(H_1) : $\mu < 9500$

t-검정통계량을 구하기 위해 표본의 평균과 분산을 구해야 한다.
우선 평균을 구하면

$$\overline{X} = 9.2$$

이다.

분산 s^2은 다음 식과 같이 구할 수 있고, 표준편차 s는 분산의 제곱근이다.

$$s^2 = \frac{\sum(X_i - \overline{X})^2}{n-1}$$

$$= 1.067$$

따라서, 표준편차 s는 1.0328이다.

t-검정통계량을 구해보자.

$$t_9 = \frac{9.2 - 9.5}{\frac{1.0328}{\sqrt{10}}}$$

$$= -0.919$$

이제 유의확률, $p - value$를 구해보자.

유의확률은 다음과 같은 파이썬 또는 R코드로 쉽게 구할 수 있다. 코드에 df는 자유도를 나타낸다.

```python
import scipy.stats as ss
t = -0.919
prob = ss.t.cdf(t, df=9)
print(prob)
```

```
0.19103269582856636
```

```
> pt(-0.919, df=9, lower.tail=T)
[1] 0.1910327
```

유의확률은 0.191로 유의수준 0.05보다 크기 때문에 대립가설을 기각하고 귀무가설을 채택한다. 다시 말해 서울 직장인들의 점심식사 비용은 9500원보다 작다고 할 수 없다. 이를 그림으로 표현하면 [그림 기과 같다. [그림 기에서 파란 점선 왼쪽의 면적이 0.191이라는 의미이며, 이 정도로는 서울 직장인들의 점심식사 비용이 9500원보다 작다고 할 수 없다는 의미다. 반대로 t-검정통계량이 -0.919보다 많이 작아서 파란 점선 왼쪽 면적이 0.05보다 작게 되면 귀무가설을 기각하고 대립가설을 채택한다.

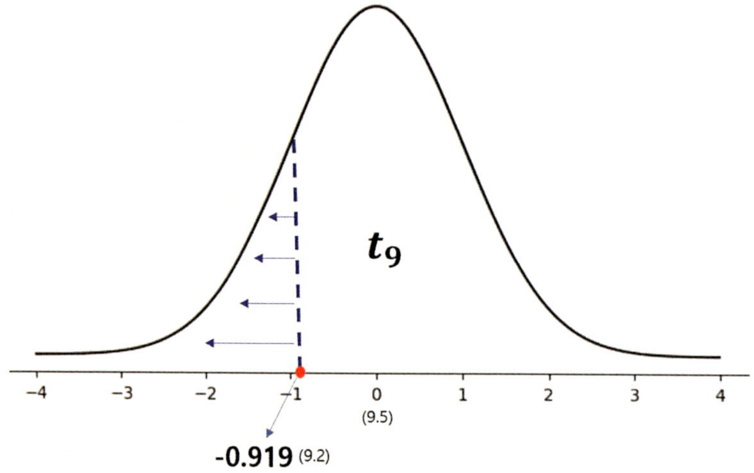

[그림 7] 자유도가 9인 t분포에서 단측 검정(less)

파이썬 코드로 검정해보면 코드와 결과는 다음과 같다.

```python
import scipy.stats as ss
data = [10, 8, 8.5, 9.5, 9, 9.5, 11, 9, 10, 7.5]
mu = 9.5
ss.ttest_1samp(data, mu, alternative="less")

TtestResult(statistic=-0.9185586535436939, pvalue=0.19114208407828714, df=9)
```

이번에는 R코드로 검정해 보면 코드와 결과는 다음과 같다.

```
> data <- c(10, 8, 8.5, 9.5, 9, 9.5, 11, 9, 10, 7.5)
> t.test(data, mu=9.5, alternative='less')

        One Sample t-test

data:  data
t = -0.91856, df = 9, p-value = 0.1911
alternative hypothesis: true mean is less than 9.5
95 percent confidence interval:
     -Inf 9.798692
sample estimates:
mean of x
      9.2
```

2) 양측검정(t-검정)

t-검정에서의 양측검정은 Z-검정에서의 양측검정과 같이, 귀무가설은 "모집단의 평균은 특정값과 같다"와 같이 표현하고, 대립가설은 모집단의 평균은 특정값과 같지 않다"와 같이 표현한다. Z-검정과의 차이는 단측검정과 마찬가지로 자유도에 따라 t-분포가 다르기 때문에, 검정통계량이 같더라도 유의확률은 다를 수 있다. 예를 통해 양측검정을 해보자.

한국 성인의 하루 평균 수면시간은 7.05시간이라고 한다. 수면시간은 정규분포를 따른다고 한다. 주변의 아는 성인 15명의 수면시간을 조사해 본 결과 다음과 같았다.

NO	1	2	3	4	5	6	7
시간	6.8	7.5	6.5	8.5	7.5	7.4	8.4

8	9	10	11	12	13	14	15
7	7.7	7.2	7.6	7.1	7.5	8.5	6.6

한국 성인의 평균 수면시간이 7.05인지 유의수준 5%로 통계 검정 해보자.

귀무가설과 대립가설은 다음과 같다.

- 귀무가설(H_0) : $\mu = 7.05$
- 대립가설(H_1) : $\mu \neq 7.05$

t-검정통계량을 구하기 위해 표본의 평균과 분산을 구해야 한다.
우선 평균을 구하면

$$\overline{X} = 7.453$$

이다.

분산 s^2은 다음 식과 같이 구할 수 있고, 표준편차 s는 분산의 제곱근이다.

$$s^2 = \frac{\sum(X_i - \overline{X})^2}{n-1}$$

$$= 0.403$$

따라서, 표준편차 s는 0.635이다.

t-검정통계량을 구해보자.

$$t_{14} = \frac{7.453 - 7.050}{\dfrac{0.635}{\sqrt{15}}}$$

$$= 2.462$$

이제 유의확률 $p - value$를 구해보자.

유의확률은 다음과 같은 파이썬 또는 R코드로 쉽게 구할 수 있다. 코드에 df는 자유도를 나타낸다.

```python
import scipy.stats as ss
t = 2.462
prob = 2*(1-ss.t.cdf(t, df=14))
print(prob)
```

```
0.027403476187528142
```

```r
> 2*(1-pt(2.462, df=14, lower.tail=T))
[1] 0.02740348
```

유의확률은 0.0274로 유의수준 0.05보다 작기 때문에 귀무가설을 기각하고 대립가설을 채택한다. 다시 말해, 한국 성인의 평균 수면시간은 95%의 확률로(제1종 오류 5% 가능성) 7.05시간과 같다고 할 수 없다. 이를 그림으로 표현하면 [그림 8]과 같다. [그림 8]에서 t-검정통계량,

±2.462를 벗어나는 면적이 0.0274라는 의미이며, 이 면적은 0.05보다 작다. 만약 귀무가설을 채택하기 위해서는 양쪽으로 벗어나는 면적이 0.5보다 커야 된다.

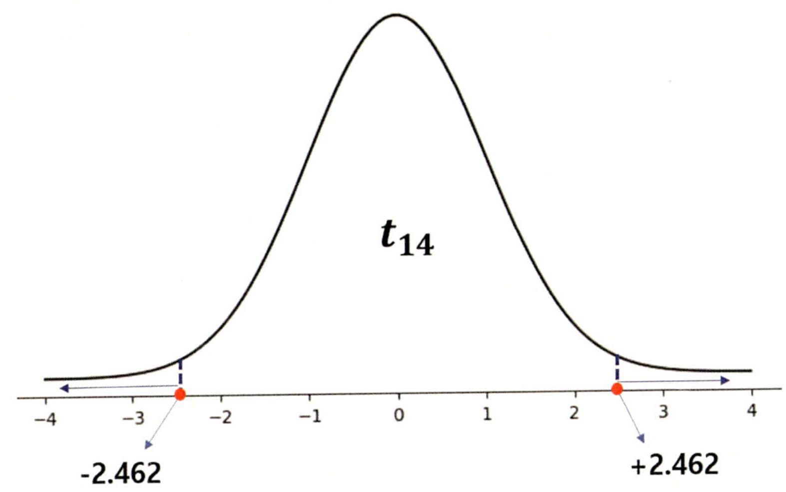

[그림 8] 자유도가 14인 t분포에서 양측 검정(two-sided)

파이썬 코드로 검정해보면 코드와 결과는 다음과 같다.

```python
import scipy.stats as ss
data = [6.8, 7.5, 6.5, 8.5, 7.5, 7.4, 8.4, 7, 7.7, 7.2, 7.6, 7.1, 7.5, 8.5, 6.6]
mu = 7.05
ss.ttest_1samp(data, mu, alternative="two-sided")
```

```
TtestResult(statistic=2.4617100877827514, pvalue=0.027418780633416993, df=14)
```

이번에는 R코드로 검정해 보면 코드와 결과는 다음과 같다.

```
> data <- c(6.8, 7.5, 6.5, 8.5, 7.5, 7.4, 8.4,
+           7, 7.7, 7.2, 7.6, 7.1, 7.5, 8.5, 6.6)
> t.test(data, mu=7.05, alternative='two.sided')

        One Sample t-test

data:  data
t = 2.4617, df = 14, p-value = 0.02742
alternative hypothesis: true mean is not equal to 7.05
95 percent confidence interval:
 7.101926 7.804741
sample estimates:
mean of x
 7.453333
```

3) 이표본(독립표본) 단측검정(Two Sample(Independent Sample) t-Test)

이번에는 두 개의 모집단으로부터 표본을 추출한 후 두 개의 모집단의 평균의 차이를 검정한다. 두 모집단의 평균과 분산을 모르는 상태에서 표본의 정보인 표본의 평균과 분산만을 이용하여 두 데이터집단 간의 평균차이를 검정한다. 이때 사용되는 t-검정통계량은 다음 식(1)과 같다.

$$t_{n_1+n_1-2} = \frac{\overline{X} - \overline{Y}}{s_p\sqrt{\dfrac{1}{n_1} + \dfrac{1}{n_2}}} \qquad\qquad -\ \text{식(1)}$$

$$where,\ \ s_p^2 = \frac{(n_1 - 1)s_1^2 + (n_2 - 1)s_2^2}{n_1 + n_2 - 2}$$

식(1)에서 n_1은 X 모집단의 표본의 개수, n_2은 Y 모집단의 표본의 개수이다. s_p^2은 표본들의 통합(Pool) 분산이며, s_1^2, s_2^2은 각각 X 표본의 분산, Y 표본의 분산이다. 두 개 모집단으로부터 뽑은 표본은 각각 독립성, 정규성, 등분산성을 만족해야 평균차이의 t-검정결과를 신뢰할 수 있다. 여기서 독립성은 두 개의 데이터 집단은 서로 상관관계가 없이 독립적이어야 한다는 것이고, 정규성은 두 개의 데이터 집단 각각은 정규분포형태를 가져야 한다는 것이다. 또한 등분산성은 두 개의 데이터 집단간 분산은 같아야 한다는 것이다. 위와 같이 표분의 통합분산을 계산하여 평균차이를 검정하려면 등분산성이 만족되어야 한다. 그렇지 않을 경우는 다음 식과 같이 각각의 표본 분산으로 t-검정통계량을 구할 수 있다.

$$t_{n_1+n_1-2} = \frac{\overline{X} - \overline{Y}}{\sqrt{\dfrac{s_1^2}{n_1} + \dfrac{s_2^2}{n_2}}}$$

각 표본의 정규성 검정은 주로 Shapiro 검정을 통해 확인하며, 등분산성 검정은 Levene's 검정을 통해 확인한다. 단측검정은 앞에서도 보았듯이, 한쪽방향성을 갖으므로 귀무가설과 대립가설은 다음과 같이 표현할 수 있다.

- 귀무가설(H_0) : $\mu_X = \mu_Y$
- 대립가설(H_1) : $\mu_X > \mu_Y$ 또는 $\mu_X < \mu_Y$

그럼 이제 예제를 통해 두 모집단에서 뽑은 표본을 이용하여 모집단의 평균 차이가 있는지 검정해 보자.

남녀 간의 수학 성적 차이를 비교하려고 한다. 남자 10명, 여자 10명의 성적을 조사해 보니, 다음과 같았다. 남자가 여자보다 수학성적이 높다고 할 수 있는지를 유의수준 5%로 통계 검정해 보자. *(독립성, 정규성과 등분산성은 가정한다)*

남자	95	80	85	100	80	70	75	90	95	85
여자	80	90	80	75	95	70	75	90	85	75

남자를 X라고 하고, 여자를 Y라고 하자. 그러면 귀무가설과 대립가설은 다음과 같다.

- 귀무가설(H_0) : $\mu_X = \mu_Y$
- 대립가설(H_1) : $\mu_X > \mu_Y$

X, Y의 평균을 각각 구해보자.

$$\overline{X} = 85.5$$

$$\overline{Y} = 81.5$$

s_1^2, s_2^2 을 각각 구해보면,

$$s_1^2 = 91.389$$

$$s_2^2 = 66.944$$

이다.

이제 통합분산을 구해보면,

$$s_p^2 = \frac{9 \times 91.389 + 9 \times 66.944}{18}$$
$$= 79.167$$

따라서 s_p 는 8.8975이다. t-검정통계량을 구하기 위해 이들을 식(1)에 대입하여 계산하면,

$$t_{18} = \frac{4}{(8.8975)\sqrt{\dfrac{1}{10} + \dfrac{1}{10}}}$$
$$= 1.0052$$

이다.

이제 유의확률 $p - value$를 구해보자. 유의확률을 구하는 파이썬 코드와 R코드는 다음과 같다.

```python
import scipy.stats as ss
t = 1.0052
prob = 1-ss.t.cdf(t, df=18)
print(prob)
```
```
0.1640615552255541
```

```r
> 1-pt(1.0052, df=18, lower.tail=T)
[1] 0.1640616
```

유의확률 0.164는 유의수준 0.05보다 크기 때문에 귀무가설을 채택하고 대립가설을 기각한다. 다시 말해, 비록 표본의 평균은 남자가 여자보다 4점이 높았지만, 확률적으로 남자의 성적이 여자의 성적보다 크다고 하기는 어렵다는 것이다.

파이썬 코드로 검정해보면 코드와 결과는 다음과 같다.

```python
import scipy.stats as ss
X = [95, 80, 85, 100, 80, 70, 75, 90, 95, 85]
Y = [80, 90, 80, 75, 95, 70, 75, 90, 85, 75]
ss.ttest_ind(X, Y, alternative="greater")
```

```
TtestResult(statistic=1.005249379900069, pvalue=0.16404999179408164, df=18.0)
```

R코드로 검정해보면 코드와 결과는 다음과 같다.

```
> X <- c(95, 80, 85, 100, 80, 70, 75, 90, 95, 85)
> Y <- c(80, 90, 80, 75, 95, 70, 75, 90, 85, 75)
> t.test(X, Y, alternative='greater')

        Welch Two Sample t-test

data:  X and Y
t = 1.0052, df = 17.581, p-value = 0.1642
alternative hypothesis: true difference in means is greater than 0
95 percent confidence interval:
 -2.908954       Inf
sample estimates:
mean of x mean of y
     85.5      81.5
```

다른 예를 들어보자. 충분히 이해되었다면 이 예세는 생략해도 된다.

오이를 재배하는 농장이 있다. 일부는 최근에 개발한 비료를 주기로 하고, 나머지는 기존에 주던 비료를 줘서, 오이의 크기(길이(㎝))를 비교하기로 하였다. 각각 오이 8개와 10개를 랜덤하게 표본으로 뽑아 조사해 보니, 다음과 같았다. 유의수준 5%로 새로 개발된 비료를 사용한 경우 오이의 크기가 더 커졌다고 할 수 있는지 통계 검정해보자. (독립성, 정규성과 등분산성은 가정한다.)

최근	32	34	35	40	33	36	38	37		
기존	30	32	29	33	31	35	30	28	34	31

최근 개발된 비료를 X, 기존 사용하는 비료는 Y로 하면, 귀무가설과 대립가설은 다음과 같다.

- 귀무가설(H_0) : $\mu_X \leq \mu_Y$
- 대립가설(H_1) : $\mu_X > \mu_Y$

X, Y의 평균을 각각 구해보자.

$$\overline{X} = 35.625$$

$$\overline{Y} = 31.3$$

s_1^2, s_2^2 을 각각 구해보면,

$$s_1^2 = 7.125$$

$$s_2^2 = 4.9$$

이다.

이제 통합분산을 구해보면,

$$s_p^2 = \frac{7 \times 7.125 + 9 \times 4.9}{16}$$

$$= 5.8734$$

따라서 s_P 는 2.4235이다. t-검정통계량을 구하기 위해 이들을 식(1)에 대입하여 계산하면,

$$t_{18} = \frac{4.325}{(2.4235)\sqrt{\frac{1}{8} + \frac{1}{10}}}$$

$$= 3.762$$

이다.

이제 유의확률 $p - value$를 구해보자. 유의확률을 구하는 파이썬 코드와 R코드는 다음과 같다.

```python
import scipy.stats as ss
t = 3.762
prob = 1-ss.t.cdf(t, df=16)
print(prob)
```

```
0.0008520228309835121
```

```r
> 1-pt(3.762, df=16, lower.tail=T)
[1] 0.0008520228
```

유의확률 0.000852는 유의수준 0.05보다 작기 때문에 귀무가설을 기각하고 대립가설을 채택한다. 다시 말해, 새로 개발된 비료를 사용하여 재배한 오이의 크기가 기존 비료를 사용한 오이의 크기보다 크다고 말할 수 있다.

파이썬 코드로 검정해보면 코드와 결과는 다음과 같다.

```python
import scipy.stats as ss
X = [32, 34, 35, 40, 33, 36, 38, 37]
Y = [30, 32, 29, 33, 31, 35, 30, 28, 34, 31]
ss.ttest_ind(X, Y, alternative="greater")
```

```
TtestResult(statistic=3.762258888261338, pvalue=0.0008515573781370526, df=16.0)
```

R코드로 검정해보면 코드와 결과는 다음과 같다.

```
> X <- c(32, 34, 35, 40, 33, 36, 38, 37)
> Y <- c(30, 32, 29, 33, 31, 35, 30, 28, 34, 31)
> t.test(X, Y, alternative='greater')

        Welch Two Sample t-test

data:  X and Y
t = 3.6809, df = 13.616, p-value = 0.001289
alternative hypothesis: true difference in means is greater than 0
95 percent confidence interval:
 2.251326       Inf
sample estimates:
mean of x mean of y
   35.625    31.300
```

R코드 결과에서 t값과 p-value가 약간 다르게 나온 것은 자유도인 df가 16이 아닌 13.616

으로 계산해서이다. 이런 자유도 계산방식은 이 책의 범위를 넘어서 생략한다.

4) 이표본(독립표본) 양측검정(Two Sample(Independent Sample) t-Test)

이표본 양측검정은 두개의 모집단 평균의 차이가 있는지 없는지를 검정하는 t-검정이다. 이
표본 단측검정과 검정방법은 유사하지만, 차이는 Z-검정과 마찬가지로 유의확률을 구할 때
검정통계량 밖으로 벗어나는 양쪽 면적을 합친다는 것이다. 이표본 양측검정의 귀무가설과
대립가설은 다음과 같이 정의한다.

- 귀무가설(H_0) : $\mu_X = \mu_Y$

- 대립가설(H_1) : $\mu_X \neq \mu_Y$

예를 통해 통계 검정을 수행해 보자.

A회사는 제품 매출증대를 위해 최근 마케팅 전략을 바꿨다. 기존 X마케팅 전략을 사용하였을 때보다 최근 Y마케팅 전략으로 바꾼 후 매출이 정말 증대되었는지 통계적으로 검정하려고 한다. 다음은 각 마케팅 전략에 따른 최근 6개월간의 매출액이다. 마케팅 전략을 바꿈으로 매출의 변화가 생겼는지 유의수준 5%로 통계 검정해보자. 단, 마케팅 전략에 따른 월 매출은 독립성, 정규성, 등분산성을 만족한다고 가정한다.

X전략	99	112	124	97	131	110
Y전략	125	133	131	127	118	134

이 예제의 귀무가설과 대립가설은 다음과 같다.

- 귀무가설(H_0) : $\mu_X = \mu_Y$
- 대립가설(H_1) : $\mu_X \neq \mu_Y$

X, Y의 평균을 각각 구해보자.

$$\overline{X} = 112.17$$

$$\overline{Y} = 128.0$$

s_1^2, s_2^2 을 각각 구해보면,

$$s_1^2 = 180.57$$

$$s_2^2 = 36.0$$

이다.

이제 통합분산을 구해보면,

$$s_p^2 = \frac{5 \times 180.57 + 5 \times 36}{10}$$

$$= 108.285$$

따라서, s_p 는 10.4이다. t-검정통계량을 구하기 위해 이들을 식(1)에 대입하여 계산하면,

$$t_{18} = \frac{-15.83}{(10.4)\sqrt{\frac{1}{6} + \frac{1}{6}}}$$

$$= -2.63$$

이다.

이제 유의확률 $p - value$를 구해보자. 유의확률을 구하는 파이썬 코드와 R코드는 다음과 같다.

```python
import scipy.stats as ss
t = -2.63
prob = 2*(ss.t.cdf(t, df=10))
print(prob)
```

```
0.025162152621936298
```

```r
> 2*pt(-2.63, df=10, lower.tail=T)
[1] 0.02516215
```

유의확률 0.025는 유의수준 0.05보다 작기 때문에 귀무가설을 기각하고 대립가설을 채택한다. 새로운 마케팅 전략에 따른 월 매출은 기존 마케팅 전략에 따른 월 매출과 다르다고 말할 수 있다. 즉, 새로운 마케팅 전략은 효과가 있다고 할 수 있다.

파이썬 코드로 검정해보면 코드와 결과는 다음과 같다.

```python
import scipy.stats as ss
X = [99, 112, 124, 97, 131, 110]
Y = [125, 133, 131, 127, 118, 134]
ss.ttest_ind(X, Y, alternative="two-sided")
```

```
TtestResult(statistic=-2.6354341793786373, pvalue=0.024928562976286865, df=10.0)
```

R코드로 검정해보면 코드와 결과는 다음과 같다.

```
> X <- c(99, 112, 124, 97, 131, 110)
> Y <- c(125, 133, 131, 127, 118, 134)
> t.test(X, Y, alternative='two.sided')

        Welch Two Sample t-test

data:  X and Y
t = -2.6354, df = 6.9175, p-value = 0.03401
alternative hypothesis: true difference in means is not equal to 0
95 percent confidence interval:
 -30.074094  -1.592573
sample estimates:
mean of x mean of y
 112.1667   128.0000
```

R코드 결과에서 t값과 p-value가 약간 다르게 나온 것은 자유도인 df가 10이 아닌 6.9175로 계산해서이다. 이런 자유도 계산방식은 이 책의 범위를 넘어서 생략한다.

5) 대응표본 t-검정(Paired t-test)

대응표본 t-검정은 용어에서도 알 수 있듯이 독립표본 t-검정과 다르게 표본의 대상이 같다. 따라서 대응표본 t-검정은 전후 효과가 있는지 없는지에 대한 통계 검정에 자주 사용한다. 예를 들어, 10마리의 소에게 실험 대상자(표본)에게 영양제를 일정기간 투여했을 때, 투여하기 전과 후의 몸무게의 변화가 있는지 검정하거나, 10명의 사람을 대상으로 어떤 약품을 일정기간 투여했을 때 투여하기 전후의 변화가 있는지를 검정하는 경우 대응표본 t-검정을 활용한다. 위에서 말한 예는 모두 전후 표본의 대상이 같다. 따라서 검정통계량 또한 독립표본의 경우와 다르다. 이를 정의하면 다음 식(2)와 같다.

$$t_{n-1} = \frac{\overline{d}}{s_d / \sqrt{n}} \quad - 식(2)$$

식(2)에서 $\overline{d}$ 는 각 표본의 전후 차이들의 평균이며, s_d는 각 표본의 전후 차이들의 표준편차
이다. 이제 예를 통해 실제 어떻게 계산되고, 통계 검정이 어떻게 되는지 확인해 보자.

어떤 병원의 가정의학과에서는 고도비만자 10명을 대상으로 어떤 다이어트 약품의 실험
을 하기로 하였다. 우선 실험 전에 몸무게를 측정하였으며, 2주간의 다이어트 약품을 섭
취한 후 다시 몸무게를 측정하였다. 실험결과는 다음과 같았으며, 5%의 유의수준으로
몸무게의 차이가 있었는지 통계 검정하려고 한다.

NO	실험 전 몸무게(kg)	실험 후 몸무게(kg)	차이()
1	110	103	7
2	98	95	3
3	120	111	9
4	115	112	3
5	95	88	7
6	104	99	5
7	88	86	2
8	108	103	5
9	111	109	2
10	140	130	10

이 예제의 귀무가설과 대립가설은 다음과 같이 정의한다.

- 귀무가설(H_0) : $\mu_d = 0$
- 대립가설(H_1) : $\mu_d \neq 0$

다이어트 약품 섭취 전후의 Boxplot은 [그림 9]와 같다.

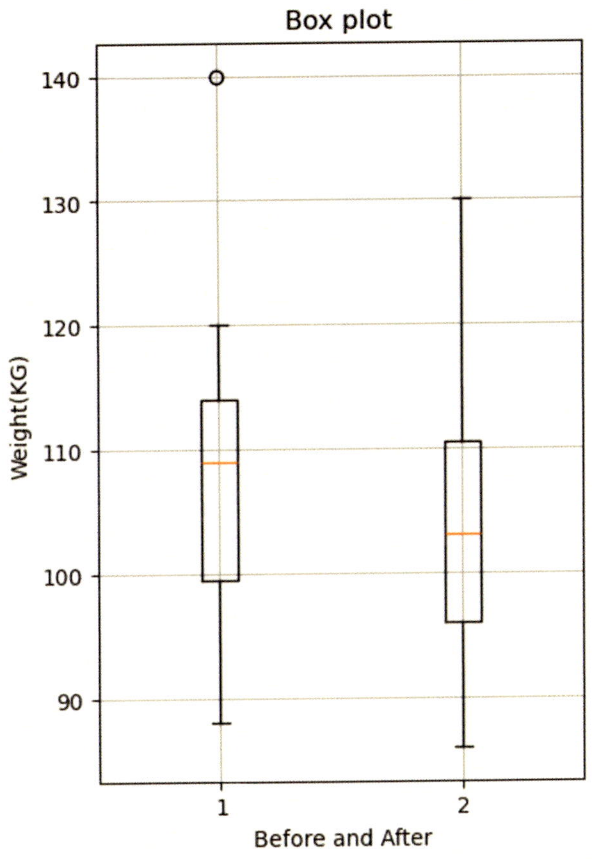

[그림 9] 다이어트 약품 섭취 전후의 몸무게

그림에서 전반적으로 몸무게가 준 것으로 보인다.

통계 검정을 위해 우선 차이의 평균과 표준편차를 구하면 다음과 같다.

$$\overline{d} = 5.3$$

$$s_d = 2.869$$

차이에 대한 표분편차를 구할 때는 다른 t-검정과 같이 자유도인 n-1로 나누어준다. 파이썬 코드로는 다음과 같이 분산을 구한 후 제곱근을 구하면 된다. 아래코드에서 ddof=1은 표본을 자유도인 n-1로 나누라는 의미이며, 다른 t-검정에서도 이렇게 하면 표본의 표준편차를 쉽게 구할 수 있다.

```python
import numpy as np
Before = [110, 98, 120, 115, 95, 104, 88, 108, 111, 140]
After = [103, 95, 111, 112, 88, 99, 86, 103, 109, 130]
Diff = np.array(Before) - np.array(After)
print(np.mean(Diff))
print(np.var(Diff, ddof=1))
```

표본의 평균과 표준편차를 이용하여 검정통계량을 구하면,

$$t_9 = \frac{5.3}{2.869 / \sqrt{10}}$$

$$= 5.841$$

이제 유의확률인 $p - value$를 구해보자. 유의확률을 구하는 파이썬 코드와 R코드는 다음과 같다.

```python
import scipy.stats as ss
t = 5.841
prob = 2*(1-ss.t.cdf(t, df=9))
print(prob)

0.00024650959359662217
```

```r
> 2*(1-pt(5.841, df=9))
[1] 0.0002465096
```

유의확률 0.0002465는 유의수준 0.05보다 작기 때문에 귀무가설을 기각하고 대립가설을 채택한다. 결론적으로 다이어트 약품을 섭취한 경우 섭취하기 전에 비해 몸무게의 변화가 확실히 있다는 것을 통계 검정을 통해 확인하였다.

파이썬 코드로 검정해보면 코드와 결과는 다음과 같다.

```python
import scipy.stats as ss
Before = [110, 98, 120, 115, 95, 104, 88, 108, 111, 140]
After = [103, 95, 111, 112, 88, 99, 86, 103, 109, 130]
ss.ttest_rel(Before, After)
```

```
TtestResult(statistic=5.841010949046628, pvalue=0.00024650622670142333, df=9)
```

R코드로 검정해보면 코드와 결과는 다음과 같다.

```
> t.test(Before, After, paired=TRUE)

        Paired t-test

data:  Before and After
t = 5.841, df = 9, p-value = 0.0002465
alternative hypothesis: true mean difference is not equal to 0
95 percent confidence interval:
 3.24737 7.35263
sample estimates:
mean difference
            5.3
```

3. 카이제곱(χ^2)-검정(모분산 검정)

모분산에 대한 카이제곱(χ^2)-검정은 모분산이 어떤 특정한 값인지를 검정하는 것으로 표본으로부터 분산을 구한 후 모분산과의 차이가 있는지를 검정하는 것이다. 검정통계량은 다음과 같다.

$$\chi^2_{n-1} = \frac{(n-1)s^2}{\sigma^2} \quad - \text{식(3)}$$

식(3)에서 σ^2은 모집단의 분산이며, s^2은 표본의 분산이다. 표본의 분산을 구할 때는 n-1로 나누는 것을 잊지 말자. 그럼 예제를 통해 모집단의 모분산을 통계 검정해보자.

어느 대학의 "파이썬 기초" 과목은 교양과목으로 전 교생이 들어야 한다. 이 과목의 평균 점수는 82점, 분산은 210점으로 알려져 있다. 한 학생이 본인의 고등학교 친구 15명을 상대로 이번 학기 파이썬 기초 과목의 성적을 파악해 보았더니 다음과 같았다. 이표본의 점수를 기반으로 정말 분산이 210이라고 할 수 있는지 유의수준 5%로 통계 검정을 해보자.

NO	1	2	3	4	5	6	7	8	9
성적	85	55	70	65	60	90	45	75	80

NO	10	11	12	13	14	15
성적	95	60	85	50	55	60

우선 귀무가설과 대립가설은 다음과 같이 정의한다.

- 귀무가설(H_0) : $\sigma^2 = 210$

- 대립가설(H_1) : $\sigma^2 \neq 210$

검정통계량을 구하기 위해 표본의 분산을 구해보자. 표본의 평균과 분산은 다음과 같다.

$$\overline{X} = 68.67, \quad s^2 = 240.95$$

표본의 평균과 분산을 구하는 파이썬 코드는 다음과 같다.

```python
import numpy as np
Score = [85, 55, 70, 65, 60, 90, 45, 75, 80, 95, 60, 85, 50, 55, 60]
print(np.mean(Score))
print(np.var(Score, ddof=1))
```

```
68.66666666666667
240.952380952381
```

이제 검정통계량을 구하면,

$$\chi^2_{14} = \frac{(14)(240.95)}{210}$$

$$= 16.06$$

유의확률인 $p - value$를 구해보자. 유의확률을 구하는 파이썬 코드와 R코드는 다음과 같다.

```python
import scipy.stats as ss
prob = 1-ss.chi2.cdf(16.06, df=14)
print(prob)
```

```
0.30972388847649523
```

```r
> 1-pchisq(16.06, df=14)
[1] 0.3097239
```

이를 그림으로 표현하면 [그림 10]과 같다.

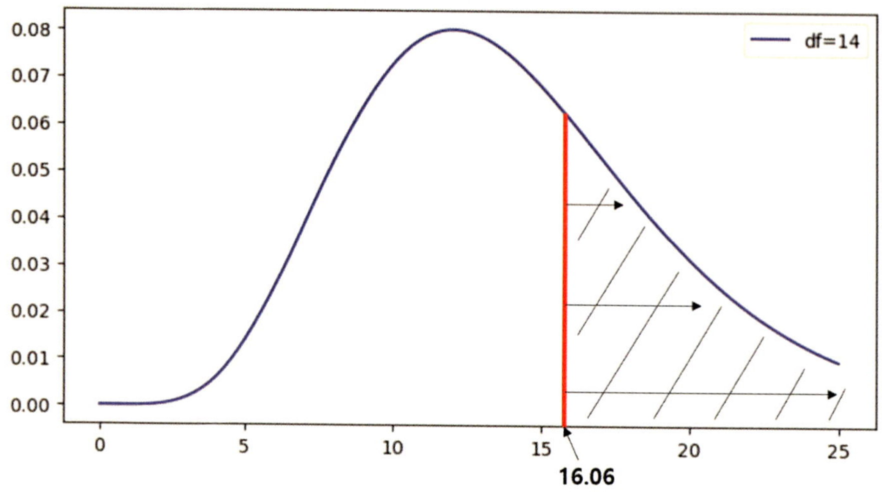

[그림 10] 자유도가 14인 카이제곱(x^2) 분포에서 유의확률 구하기

[그림 10]은 자유도가 14인 카이제곱 확률밀도함수을 그래프로 그린 것이며, 유의확률은 검정통계량 16.06보다 큰 쪽의 전체 면적(빨간선의 오른쪽 면적)이다. [그림 10]에서는 화살표 방향의 빗금 친 부분의 면적이 된다. 이 면적이 유의확률 0.3097인 것이다.

유의확률 0.3097은 유의수준 0.05보다 크기 때문에 대립가설을 기각하고 귀무가설을 채택한다. 결론적으로 파이썬 기초 과목의 성적의 분산은 210이라고 할 수 있다.

4. F-검정(모분산 차이 검정)

F-검정은 두개의 모집단으로부터 표본을 추출했을 때 추출된 표본의 분산을 통해 두개의 모집단간 분산의 차이가 있는지를 검정한다. F-분포는 두 독립적인 카이제곱 분포의 비율로 정의되며(5장, F-분포 참조), F-검정의 검정통계량은 다음 식(4)와 같다.

$$F_{n_1-1,\ n_2-1} = \frac{s_1^2}{s_2^2} \ - \ 식(4)$$

식(4)에서 $n_1 - 1$과 s_1^2은 각각 모집단 1의 표본의 자유도와 분산이며, $n_2 - 1$과 s_2^2은 각각 모집단 2의 표본의 자유도와 분산이다. 식(4)에서 표본의 분산이 큰 것은 분자에, 표본의 분산이 작은 것은 분모에 둔다. 그럼 예제를 통해 두개의 모집단간 분산의 차이를 통계 검정해보자.

서울과 울산의 가구당 월 수입을 비교하려고 한다. 특히 두 지역 간 빈부의 격차가 얼마나 다른지 확인해 보길 원한다. 빈부의 격차를 확인하기 위해 분산이 다른지를 통계 검정하기로 하였다. 기본적으로 약 3년 전의 과거 데이터를 확인해 보면 두 지역 간 가구당 월 평균수입은 비슷할 것으로 예상되지만, 분산은 다를 것으로 예상된다. 그래서 서울 20개 가구, 울산 15개 가구를 랜덤하게 선정하여 가구 월 평균수입을 파악해 보니, 다음과 같았다. 유의수준 5%로 두 지역 간 가구 월 평균수입의 분산에 차이가 있는지 통계 검정해 보자. 단위는 백만 원이다.

NO	1	2	3	4	5	6	7	8	9	10
서울	6	3	2.5	10	8	9	6	5	5.5	3.5

NO	11	12	13	14	15	16	17	18	19	20
서울	2	1.5	3.5	3	6.5	6	7.5	4	4.5	3

NO	1	2	3	4	5	6	7	8	9	10
울산	6	5.5	7	8	10	5	6.6	4	3.5	6

NO	11	12	13	14	15
울산	5.5	5	7	6.5	4.5

우선 귀무가설과 대립가설은 다음과 같이 정의한다.

- 귀무가설(H_0) : 서울과 울산 지역 가구의 월 평균수입의 분산은 같다.
- 대립가설(H_1) : 서울과 울산 지역 가구의 월 평균수입의 분산은 다르다.

서울을 1, 울산을 2라고 하고, 검정통계량을 구하기 위해 각각 표본의 분산을 구해보자.

$$s_1^2 = 5.63$$

$$s_2^2 = 2.69$$

서울과 울산의 표본 분산을 구하는 파이썬 코드는 다음과 같다.

```python
import numpy as np
Seoul = [6, 3, 2.5, 10, 8, 9, 6, 5, 5.5, 3.5,
         2, 1.5, 3.5, 3, 6.5, 6, 7.5, 4, 4.5, 3]
Ulsan = [6, 5.5, 7, 8, 10, 5, 6.6, 4, 3.5, 6,
         5.5, 5, 7, 6.5, 4.5]
print(np.var(Seoul, ddof=1))
print(np.var(Ulsan, ddof=1))

5.631578947368421
2.686380952380952
```

이제 검정통계량을 구하면,

$$F_{19,14} = \frac{5.63}{2.69}$$

$$= 2.09$$

유의확률인 $p - value$를 구해보자. 유의확률을 구하는 파이썬 코드와 R코드는 다음과 같다.

```python
import scipy.stats as ss
prob = 1-ss.f.cdf(2.09, 19, 14)
print(prob)
```

```
0.08207568217019223
```

```r
> 1-pf(2.09, 19, 14)
[1] 0.08207568
```

이를 그림으로 표현하면 [그림 11]과 같다.

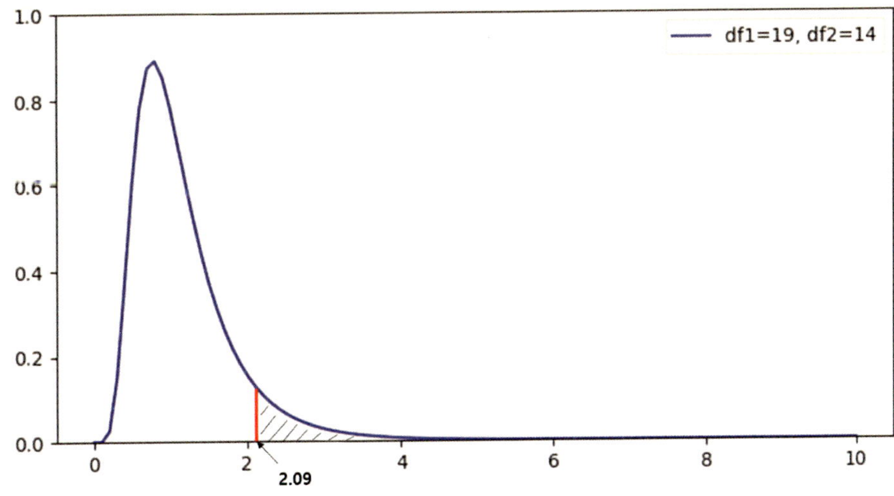

[그림 11] 자유도가 19, 14인 F-분포에서 유의확률 구하기

[그림 11]은 자유도가 19와 14인 F-분포의 확률밀도함수을 그래프로 그린 것이며, 유의확률은 검정통계량 2.09보다 큰 쪽의 전체 면적(빨간선의 오른쪽 면적)이다. [그림 11]에서는 빗금 친 부분의 면적이 된다. 이 면적이 유의확률인 0.082이다.

유의확률, 0.082는 유의수준 0.05보다 크기 때문에 대립가설을 기각하고 귀무가설을 채택한다. 결론적으로 서울과 울산 지역의 가구의 월 평균 소득의 분산은 다르다고 할 수 없다.

9장

교차분석

　교차분석은 범주형 변수 간의 관계를 알아보고 싶을 때 사용하는 분석방법이다. 교차분석은 크게 적합성 검정, 독립성 검정, 동질성 검정으로 구분할 수 있으며 카이제곱(χ^2)-검정을 사용한다. 적합성 검정은 하나의 범주형 변수에 대해 관측값과 기댓값 간의 차이를 통해 관측 분포와 예측 분포 간에 차이가 있는지를 검정한다. 독립성 검정은 두 개의 다른 범주형 변수 간의 관계가 있는지를 검정한다. 마지막으로 동질성 검정은 독립성 검정과 유사하며, 두개의 다른 범주형 변수의 확률 분포가 동일한지를 검정한다. 그럼 각 검정에 대해 예제를 통해 자세히 알아보자.

1. 적합성 검정(Goodness of Fit Test)

적합성 검정은 하나의 범주형 변수에 대해 관측치와 예측치 간의 차이를 통해 실제 관측 분포와 이론적인 예측 분포 간의 차이가 있는지를 검정한다. 적합성 검정은 카이제곱(χ^2)-검정통계량을 사용하며 이때 계산식은 다음 식(1)과 같다.

$$\chi^2 = \sum \frac{(O - E)^2}{E} \quad -\ \text{식(1)}$$

식(1)에서 O는 관측도수이며, E는 기대도수이다. 관측치는 범주형 변수의 교차표(Cross Table)를 만들었을 때 각 값(빈도)이 관측도수다. 예를 들어보자. 주사위를 120번 던졌을 때 기대도수는 1부터 6까지 각각 20이다. 그런데 실제 관측도수는 이와는 다를 것이다. 관측도수와 기대도수의 교차표를 만들면 다음과 같다.

구분	1	2	3	4	5	6	합계
관찰도수	14	22	25	24	17	18	120
개대도수	20	20	20	20	20	20	120

관측 분포와 예측 분포 간의 차이가 없는지 유의수준 5%로 통계검정을 해보자.
우선, 귀무가설과 대립가설을 정의하면 다음과 같다.

- 귀무가설(H_0) : 실제 관측 분포는 예측 분포와 차이가 없다.
- 대립가설(H_1) : 실제 관측 분포는 예측 분포와 차이가 있다.

이제 카이제곱(χ^2)-검정통계량을 구해보자.

각 관찰도수를 식(1)에 대입하면 다음과 같다.

$$\chi^2 = \frac{(14-20)^2}{20} + \frac{(22-20)^2}{20} + \frac{(25-20)^2}{20}$$

$$+ \frac{(24-20)^2}{20} + \frac{(17-20)^2}{20} + \frac{(18-20)^2}{20}$$

$$= 4.7$$

자유도는 범주의 개수가 6이므로 이보다 1 작은 5이다.

유의확률인 $p-value$를 구해보자. 유의확률을 구하는 파이썬 코드와 R코드는 다음과 같다.

```python
import scipy.stats as ss
prob = 1-ss.chi2.cdf(4.7, df=5)
print(prob)

0.4535778017204073
```

```r
> 1-pchisq(4.7, df=5)
[1] 0.4535778
```

유의확률, 0.4536은 유의수준인 0.05보다 크기 때문에 대립가설을 기각하고 귀무가설을 채택한다. 다시 말해, 실제 관측 분포는 이론적인 예측 분포와 차이가 없다고 할 수 있다.

2. 독립성 검정(Test of Independence)

독립성 검정은 두 범주형 변수 간에 관계가 있는지 없는지를 검정하는 것이다. 적합성검정과 마찬가지로 두 범주형 변수 간의 교차표를 만들어 관측 도수와 기대 도수 간의 차이가 있는지를 검정한다. 각 관측 도수에 대한 기대 도수를 구할 때는 다음 식(2)를 이용한다.

$$E = \frac{C * R}{N} \ — \ 식(2)$$

식(2)에서 C는 해당 관측 도수가 있는 열의 합이고, R은 해당 관측 도수가 있는 행의 합이다. 그리고 N은 전체 도수다. 검정 통계량은 적합성 검정과 같이 식(1), 카이제곱 검정 통계량을 사용한다. 자유도는 두 범주형 변수의 범주의 개수가 각각 k와 l개라고 하면 $(k - 1)(l - 1)$이다. 그럼 이제 예제를 통해 알아보자.

성인 남자와 여자의 비만 등급에 따른 도수를 알아보려고 한다. 남자 120명, 여자 100명을 상대로 파악한 비만 등급별 인원수는 다음 표와 같다. 성별과 비만과의 관계가 있는지 통계 검정해보자. 유의수준은 5%이다.

구분	고도비만	비만	정상	합계
남자	20	40	60	120
여자	25	35	40	100
합계	45	75	100	220

우선, 귀무가설과 대립가설을 정의하면 다음과 같다.

- 귀무가설(H_0) : 성별과 비만등급 간에는 관계가 없다(독립적이다).

- 대립가설(H_1) : 성별과 비만등급 간에는 관계가 있다.

6개의 각 관측 도수에 대한 기대 도수를 구하면, 다음과 같다.

- 남자, 고도비만 = (45*120) / 220 = 24.5

- 남자, 비만 = (75*120) / 220 = 40.9

- 남자, 정상 = (100*120) / 220 = 54.5

- 여자, 고도비만 = (45*100) / 220 = 20.5

- 여자, 비만 = (75*100) / 220 = 34.1

- 여자, 정상 = (100*100) / 220 = 45.5

이제 검정통계량을 구해보자. 식(1)에 각 관측 도수와 기대도수를 대입하면 다음과 같이 검정통계량을 구할 수 있다.

$$\chi^2 = \frac{(20-24.5)^2}{24.5} + \frac{(40-40.9)^2}{40.9} + \frac{(60-54.5)^2}{54.5}$$
$$+ \frac{(25-20.5)^2}{20.5} + \frac{(35-34.1)^2}{34.1} + \frac{(40-45.5)^2}{45.5}$$
$$= 3.078$$

자유도는 각 변수의 범주의 개수가 각각 2와 3이므로 (2-1)(3-1) = 2이다.

유의확률인 $p-value$를 구해보자. 유의확률을 구하는 파이썬 코드와 R코드는 다음과 같다.

```python
import scipy.stats as ss
prob = 1-ss.chi2.cdf(3.078, df=2)
print(prob)
```

```
0.21459558975469473
```

```
> 1-pchisq(3.078, df=2)
[1] 0.2145956
```

유의확률 0.2146은 유의수준인 0.05보다 크기 때문에 대립가설을 기각하고 귀무가설을 채택한다. 다시 말해, 성별과 비만등급 간에는 관계가 없고 독립적이라고 할 수 있다.

파이썬의 교차검정 함수를 이용하여 직접 검정하면 다음과 같다. 검정통계량이 소수점 2째 자리부터 약간 다른 것은 검정통계량을 구할 때 반올림으로 인해 생긴 오차다.

```python
import pandas as pd
import scipy.stats as ss
data = pd.DataFrame([[20, 40, 60], [25, 35, 40]],
                    columns = ["고도비만", "비만", "정상"],
                    index = ["남자", "여자"])
chi, p, df, ex = ss.chi2_contingency(data)
print(chi)
print(p)
print(df)
print(ex)
```

```
3.0962962962962965
0.21264138979173727
2
[[24.54545455 40.90909091 54.54545455]
 [20.45454545 34.09090909 45.45454545]]
```

R의 교차검정 함수를 이용하여 직접 검정하면 다음과 같다.

```
> data <- matrix(c(20, 40, 60, 25, 35, 40), nrow=2, byrow=TRUE)
> colnames(data) <- c("고도비만", "비만", "정상")
> rownames(data) <- c("남자", "여자")
> chisq.test(data)

        Pearson's Chi-squared test

data:  data
X-squared = 3.0963, df = 2, p-value = 0.2126
```

하나의 예제를 추가해 보자.

연령대별 카페 선호도에 차이가 있는지 검정해보기로 하였다. 연령대는 10대, 20~30대, 40~50대, 60~70대로 구분하여 조사하였으며, 카페는 스타벅스(스벅), 투썸플레이스(투썸), 빽다방, 컴포즈로 구분하였다. 10대 50명, 20~30대 100명, 40~50대 100명, 60~70대 100명을 조사하였으며, 가장 자주가는 카페를 선택하게 하였다. 다음과 같은 조사 결과가 나왔다. 유의수준 5%로 연령대와 자주가는 카페 간의 관계가 있는지 없는지 통계 검정해보자.

구분	스벅	투썸	빽다방	컴포즈	합계
10대	30	10	5	5	50
20~30대	50	20	20	10	100
40~50대	25	25	30	20	100
60~70대	5	20	30	45	100
합계	110	75	85	80	350

우선, 귀무가설과 대립가설을 정의하면 다음과 같다.

- 귀무가설(H_0) : 연령대와 자주가는 카페 간에는 관계가 없다(독립적이다.)

- 대립가설(H_1) : 연령대와 자주가는 카페 간에는 관계가 있다.

16개의 각 관측 도수에 대한 기대 도수를 구하면, 다음과 같다.

- 10대, 스벅 = (50*110) / 350 = 15.7

- 10대, 투썸 = (50*75) / 350 = 10.7

- 10대, 빽다방 = (50*85) / 350 = 12.1

- 10대, 컴포즈 = (50*80) / 350 = 11.4

- 20~30대, 스벅 = (100*110) / 350 = 31.4

- 20~30대, 투썸 = (100*75) / 350 = 21.4

- 20~30대, 빽다방 = (100*85) / 350 = 24.3

- 20~30대, 컴포즈 = (100*80) / 350 = 22.9

- 40~50대, 스벅 = (100*110) / 350 = 31.4

- 40~50대, 투썸 = (100*75) / 350 = 21.4

- 40~50대, 빽다방 = (100*85) / 350 = 24.3

- 40~50대, 컴포즈 = (100*80) / 350 = 22.9

- 60~70대, 스벅 = (100*110) / 350 = 31.4

- 60~70대, 투썸 = (100*75) / 350 = 21.4

- 60~70대, 빽다방 = (100*85) / 350 = 24.3

- 60~70대, 컴포즈 = (100*80) / 350 = 22.9

이제 검정통계량을 구해보자. 식(1)에 각 관측 도수와 기대도수를 대입하면 다음과 같이 검정통계량을 구할 수 있다.

$$\chi^2 = \frac{(30-15.7)^2}{15.7} + \frac{(10-10.7)^2}{10.7} + \frac{(5-12.1)^2}{12.1} + \frac{(5-11.4)^2}{11.4}$$

$$+ \frac{(50-31.4)^2}{31.4} + \frac{(20-21.4)^2}{21.4} + \frac{(20-24.3)^2}{24.3} + \frac{(10-22.9)^2}{22.9}$$

$$+ \frac{(25-31.4)^2}{31.4} + \frac{(25-21.4)^2}{21.4} + \frac{(30-24.3)^2}{24.3} + \frac{(20-22.9)^2}{22.9}$$

$$+ \frac{(5-31.4)^2}{31.4} + \frac{(20-21.4)^2}{21.4} + \frac{(30-24.3)^2}{24.3} + \frac{(45-22.9)^2}{22.9}$$

$$= 88.5$$

자유도는 각 변수의 범주의 개수가 각각 4와 4이므로 (4-1)(4-1) = 9이다.

유의확률인 $p - value$를 구해보자. 유의확률을 구하는 파이썬 코드와 R코드는 다음과 같다.

```python
import scipy.stats as ss
prob = 1-ss.chi2.cdf(88.5, df=9)
print(prob)
```

```
3.219646771412954e-15
```

```r
> 1-pchisq(88.5, df=9)
[1] 3.219647e-15
```

유의확률 3.22e-15은 유의수준인 0.05보다 작기 때문에 귀무가설을 기각하고 대립가설을 채택한다. 다시 말해, 연령대와 선호하는 카페(자주가는 카페) 간에는 독립적이지 않고 관계가 있다고 할 수 있다.

파이썬의 교차검정 함수를 이용하여 직접 검정하면 다음과 같다.

```python
import pandas as pd
import scipy.stats as ss
data = pd.DataFrame([[30, 10, 5, 5], [50, 20, 20, 10],
                    [25, 25, 30, 20], [5, 20, 30, 45]],
                columns = ["스벅", "투썸", "빽다방", "컴포즈"],
                index = ["10대", "20~30대", "40~50대", "60~70대"])
chi, p, df, ex = ss.chi2_contingency(data)
print(chi)
print(p)
print(df)
print(ex)
```

```
88.63664215686275
3.0553192073508113e-15
9
[[15.71428571 10.71428571 12.14285714 11.42857143]
 [31.42857143 21.42857143 24.28571429 22.85714286]
 [31.42857143 21.42857143 24.28571429 22.85714286]
 [31.42857143 21.42857143 24.28571429 22.85714286]]
```

R의 교차검정 함수를 이용하여 직접 검정하면 다음과 같다.

```
> data <- matrix(c(30, 10, 5, 5, 50, 20, 20, 10,
+                   25, 25, 30, 20, 5, 20, 30, 45)
+                 , nrow=4, byrow=TRUE)
> colnames(data) <- c("스벅", "투썸", "빽다방", "컴포즈")
> rownames(data) <- c("10대", "20~30대", "40~50대", "60~70대")
> chisq.test(data)

        Pearson's Chi-squared test

data:  data
X-squared = 88.637, df = 9, p-value = 3.055e-15
```

3. 동질성 검정(Test of Homogeneity)

동질성 검정은 독립성 검정과 유사하게 두개의 범주형 변수를 가지고 검정한다. 독립성 검정에서는 두개의 범주형 변수 간에 관계가 있는지를 검정하지만, 동질성 검정에서는 두개의 범주형 변수의 확률분포가 동일한 지를 검정한다. 좀 더 구체적으로 말하면, 두개의 변수 중 하나의 변수의 범주들 간의 분포가 동일한지를 검정한다.

예를 통해 설명해보자.

한 회사는 사내 자격으로 데이터싸이언스(DS; Data Science) 자격이 있다. 한 반에 100명씩 두개 반으로 되어 있으며, 같은 내용을 두 명의 강사가 강의한다. 시험결과는 점수에 따라 4가지의 등급(무등급, 초급, 중급, 고급)으로 나누어진다. 200명 수강생은 처음이라 비슷한 수준이며, 등급이 없다고 가정한다. 강사별로 시험결과 등급별 합격자 수가 유사한지에 대해 동질성 검정을 수행해보자. 유의수준은 5%로 하자. 200명의 시험결과는 다음 표와 같다.

구분	강사1	강사2	합계
무등급	10	20	30
초급	50	60	110
중급	30	15	45
고급	10	5	15
합계	100	100	200

이 예제에서 두 변수는 강사와 등급이다. 강사별 무등급, 초급, 중급, 고급 합격자 수의 분포가 동일한 모집단에서 나온 것인지(동질성이 있는지)를 검정한다.

우선, 귀무가설과 대립가설을 정의하면 다음과 같다.

- 귀무가설(H_0) : 강사에 따라 시험결과가 같다.

- 대립가설(H_1) : 강사에 따라 시험결과가 다르다.

8개의 각 관측 도수에 대한 기대 도수를 구하면, 다음과 같다.

- 강사1, 무등급 = (30*100) / 200 = 15

- 강사1, 초급 = (110*100) / 200 = 55

- 강사1, 중급 = (45*100) / 200 = 22.5

- 강사1, 고급 = (15*100) / 200 = 7.5

- 강사2, 무등급 = (30*100) / 200 = 15

- 강사2, 초급 = (110*100) / 200 = 55

- 강사2, 중급 = (45*100) / 200 = 22.5

- 강사2, 고급 = (15*100) / 200 = 7.5

이제 검정통계량을 구해보자. 식(1)에 각 관측 도수와 기대도수를 대입하면 다음과 같이 검정통계량을 구할 수 있다.

$$\chi^2 = \frac{(10-15)^2}{15} + \frac{(50-55)^2}{55} + \frac{(30-22.5)^2}{22.5} + \frac{(10-7.5)^2}{7.5}$$
$$+ \frac{(20-15)^2}{15} + \frac{(60-55)^2}{55} + \frac{(15-22.5)^2}{22.5} + \frac{(5-7.5)^2}{7.5}$$
$$= 10.9$$

자유도는 각 변수의 범주 개수가 각각 2와 4이므로 (2-1)(4-1) = 3이다.

유의확률인 $p-value$를 구해보자. 유의확률을 구하는 파이썬 코드와 R코드는 다음과 같다.

```python
import scipy.stats as ss
prob = 1-ss.chi2.cdf(10.9, df=3)
print(prob)
```

```
0.012279087378555209
```

```
> 1-pchisq(10.9, df=3)
[1] 0.01227909
```

　유의확률 0.0123은 유의수준인 0.05보다 작기 때문에 귀무가설을 기각하고 대립가설을 채택한다. 다시 말해, 강사에 따라 시험결과가 다르다고 할 수 있다.

　파이썬의 교차검정 함수를 이용하여 직접 검정하면 다음과 같다.

```python
import pandas as pd
import scipy.stats as ss
data = pd.DataFrame([[10, 20], [50, 60], [30, 15], [10, 5]],
                    columns = ["강사1", "강사2"],
                    index = ["무등급", "초급", "중급", "고급"])
chi, p, df, ex = ss.chi2_contingency(data)
print(chi)
print(p)
print(df)
print(ex)
```

```
10.90909090909091
0.012227750494272814
3
[[15.  15. ]
 [55.  55. ]
 [22.5 22.5]
 [ 7.5  7.5]]
```

R의 교차검정 함수를 이용하여 직접 검정하면 다음과 같다.

```
> data <- matrix(c(10, 20, 50, 60, 30, 15, 10, 5), nrow=4, byrow=TRUE)
> colnames(data) <- c("강사1", "강사2")
> rownames(data) <- c("무등급", "초급", "중급", "고급")
> chisq.test(data)

        Pearson's Chi-squared test

data:  data
X-squared = 10.909, df = 3, p-value = 0.01223
```

10장

분산분석

1. 개요

분산분석(ANOVA; Analysis Of Variance)은 3개 이상의 데이터집단 간의 평균의 차이가 있는 지를 검정하는 분석방법이다. 따라서 분선분석에서 귀무가설은 "모든 데이터집단 간의 평균은 같다."이며, 대립가설은 "데이터집단 간의 평균은 다르다."이다. 하지만 귀무가설이 기각되고 대립가설이 채택되더라도 "데이터집단 간의 평균에 차이가 있다."라는 것이지, 어떤 데이터 집단간, 얼마만큼의 차이가 있는지는 알기 어렵다.

분산분석을 수행하기 전에 결과를 신뢰하기 위해서는 3가지의 성질을 만족해야 한다. 이 3가지의 성질은 정규성, 등분산성, 독립성이다. 정규성이란 각 데이터분포는 정규분포를 따라야 한다는 조건이고, 등분산성은 각 데이터집단은 동일한 분산을 가져야 한다는 조건이며, 독립성은 각 데이터집단은 서로 영향을 주지 않아야 한다는 조건이다. 정규성은 Shapiro 검정을 통해 확인할 수 있으며, 등분산성은 Levene's 검정 또는 F-검정을 통해 확인해 볼 수 있다.

분산분석은 독립변수의 수에 따라 독립변수가 1개면 일원분산분석(One-Way ANOVA), 2개면 이원분산분석(Two-Way ANOVA)라고 한다. 또한 독립변수는 범주형 변수이며, 종속변수는 연속형 변수여야 한다. 예를 들어, 대한민국 성인의 연령대별 하루 평균 TV시청시간의 차이가 있는지 검정하는 경우 독립변수는 연령대별이 되며, 종속변수는 TV시청시간이 된다. 이 경우 독립변수가 1개 이므로 일원분산분석이라고 할 수 있다. 만약에 대한민국 성인의 연령대별 성별 하루 평균 TV시청시간의 차이가 있는지 검정하는 경우 독립변수가 2개(연령대와 성)이므로 이원분산분석이 된다.

분산분석에서는 집단간 분산(MS_{TR}; Mean Sum of Squared Treat)과 집단내 분산(MS_E; Mean Sum of Squared Error)의 비율인 F-검정통계량을 통해 F-검정을 수행한다. 여기서 각 데이터집단을 처리(Treat)로도 표현한다. F-검정통계량이 크면 클수록 유의확률인 $p-value$는 작아진다. 다시 말해 F-검정통계량이 크면 대립가설이 채택될 가능성이 높아지며, 이는 "데이터집단 간의 평균에 차이가 있다." 라는 결론이 도출될 수 있다는 의미다. 그러면, F-검정통계량이 크기 위해서는 집단간 분산은 크고 집단내 분산은 작아야 한다. 다시 말해, 집단간에는 차이가 있고, 각 집단내에서의 분산은 작다는 의미다. 반대로 F-검정통계량이 작아지면 귀무가설이 채택될 가능성이 크고 이는 "데이터집단 간의 평균은 같다"라는 결론이 도출될 수 있다는 의미다. F-검정통계량이 작아지기 위해서는 집단간 분산은 작고 집단내 분산은 커야 한다. 다시 말해 집단간에는 차이가 별로 없고, 각 집단내에서의 분선은 커야 한다는 의미다. 이를 그림으로 표현하면 [그림 1]과 같다. [그림 1]에서 (a)는 집단간 분산은 크고, 집단내에서의 분산은 작은 것을 알 수 있다. 이런 경우 F-검정통계량이 커져서 각 데이터집단 간에 평균의 차이가 있다고 검정될 확률이 높다. 반면 (b)의 경우는 집단간 분산은 작고, 집단내에서의 분산은 큰 경우이다. 이런 경우 F-검정통계량은 작아져서 각 데이터집단 간에 평균은 같다고 검정될 확률이 높다.

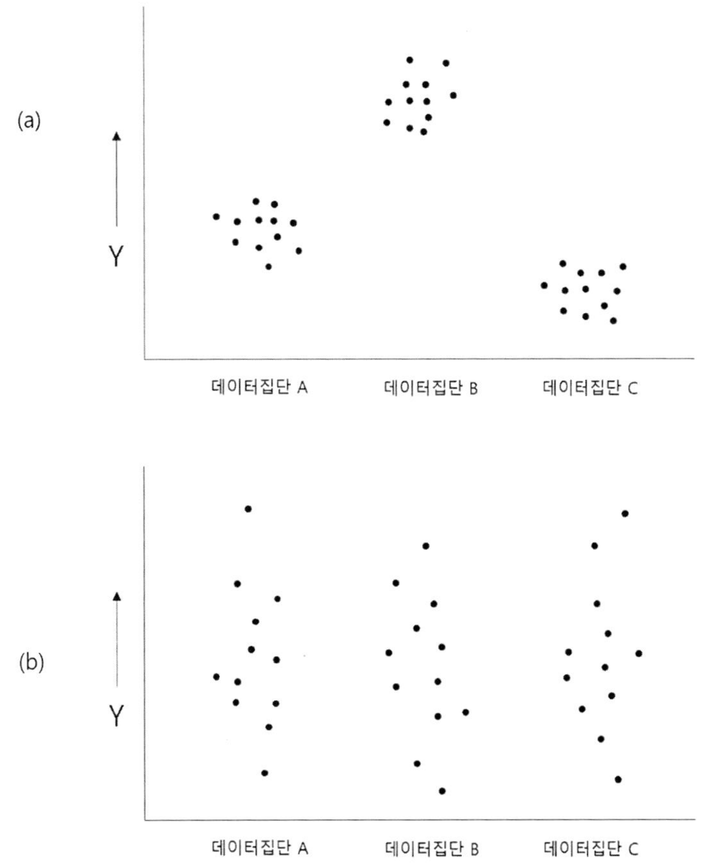

[그림 1] (a) 집단간 분산은 크고 집단내 분산은 작음, (b) 집단간 분산은 작고, 집단내 분산은 큼

총변동(SST ; Sum of Squared Total)은 다음과 같이 집단간 변동(SS_{TR} ; Sum of Squared Treat)
과 집단 내 변동(SS_E ; Sum of Squared Error)을 합한 값이다.

$$SST = SS_{TR} + SS_E$$

집단간 변동은 각 집단의 평균에서 전체 평균을 뺀 후 제곱하고 여기에 가중치(각 집단의 데
이터 수)를 곱하여 모두 더한 값이다. 공식으로 표현하면 식(1)과 같다.

$$\sum_i n_i(\overline{y}_i - \overline{\overline{y}})^2 \quad - \text{식}(1)$$

식(1)에서 i는 각 데이터집단을 나타내고, n_i는 i 데이터집단의 데이터 수, $\overline{y}_i$는 i 데이터집단
의 평균, $\overline{\overline{y}}$ 는 전체 평균을 나타낸다. 집단간 분산은 집단간 변동인 식(1)을 (집단 수 - 1)로
나누면 된다. 그리고 집단내 변동은 각 집단의 데이터에서 해당 집단의 평균을 뺀 후 제곱하
여 모두 더한 값이다. 즉, 공식으로 표현하면 식(2)와 같다.

$$\sum_i \sum_j (y_{ij} - \overline{y}_i)^2 \quad - \text{식}(2)$$

식(2)에서 y_{ij}는 i 데이터집단의 j번째 데이터이고, $\overline{y}_i$ 는 i 데이터집단의 평균이다. 집단내 분
산은 집단내 변동인 식(2)를 (전체 데이터 수 - 데이터 집단 수)로 나누면 된다. 따라서 총변동
은 식(1)과 식(2)를 합한 값으로 식(3)과 같이 표현한다.

$$\sum_i \sum_j (y_{ij} - \overline{\overline{y}})^2 = \sum_j n_j(\overline{y}_j - \overline{\overline{y}})^2 + \sum_i \sum_j (y_{ij} - \overline{y}_i)^2 \quad - \text{식}(3)$$

예를 들어보자.

대한민국의 각 도별 성인 남성의 평균키(㎝)에는 차이가 있는지 검정할 경우 각 도는 독립변수가 되며, 성인 남성의 키는 종속변수가 된다. 이해를 돕기 위해 서울, 경기, 충남 세개의 도만 고려하여 성인 남성의 평균키에 차이가 있는지 보자. 수집한 데이터는 다음과 같다고 하자.

NO	1	2	3	4	5
서울	175	180	172	183	177
경기	177	175	180	170	174
충남	175	170	171	169	177

서울의 평균은 177.4㎝, 경기의 평균은 175.2㎝, 그리고 충남의 평균은 172.4㎝이다. 그리고 전체 평균은 175㎝이다. 이런 경우, 식(1)과 식(2)에 적용하면, 집단간 변동과 분산, 집단내 변동과 분산은 다음과 같이 구할 수 있다.

$$\underline{집단간\ 변동} = 5 \times (177.4 - 175)^2 + 5 \times (175.2 - 175)^2 + 5 \times (172.4 - 175)^2$$

$$= 62.8$$

$$\underline{집단간\ 분산} = \frac{62.8}{3 - 1} = 31.4$$

$\underline{집단내\ 변동}$

$$= (175 - 177.4)^2 + (180 - 177.4)^2 + (172 - 177.4)^2 + (183 - 177.4)^2 + (177 - 177.4)^2 +$$

$$(177 - 175.2)^2 + (175 - 175.2)^2 + (180 - 175.2)^2 + (170 - 175.2)^2 + (174 - 175.2)^2 +$$

$$(175 - 172.4)^2 + (170 - 172.4)^2 + (171 - 172.4)^2 + (169 - 172.4)^2 + (177 - 172.4)^2$$

$$= 175.2$$

$$\underline{집단내\ 분산} = \frac{175.2}{15 - 3} = 14.6$$

F-검정통계량은 집단간 분산을 집단내 분산으로 나눈 값이므로 31.4/14.6 = 2.15이다. 즉, $F_{2,12}$ = 2.15이다. 이제 유의확률인 $p - value$를 구해보자. 유의확률은 다음과 같이 파이썬이나 R코드로 구하면 된다.

```python
import scipy.stats as ss
prob = 1-ss.f.cdf(2.15, 2, 12)
print(prob)

0.15920688867307802
```

```r
> 1-pf(2.15, 2, 12)
[1] 0.1592069
```

유의확률이 0.159로 유의수준을 0.05라고 했을 경우, 이보다 작으므로 귀무가설인 "데이터 집단 간에 차이는 없다"를 채택한다. 다시 말해, 서울, 경기, 충남의 성인 남성키의 평균은 다르다고 할 수 없다. 그럼 이제 일원분산분석과 이원분산분석에 대해 자세히 알아보자.

2. 일원분산분석(One-Way ANOVA)

일원분산분석은 앞에서도 말했듯이, 1개의 범주형 독립변수와 1개의 연속형 종속변수로 구성된 데이터를 분석하는 방법이다. 앞의 예제(도별 성인남성의 키 차이 비교)에서도 살펴보았듯이, 일원분산분석을 수행한 내용을 분산분석표로 정리하면 다음 표와 같다.

[표] 일원분산분석을 위한 분산분석표

요인	변동(제곱합)	자유도	분산	F-검정 통계량
처리(Treat)	SS_{TR}	$df1 = k - 1$	$MS_{TR} = \dfrac{SS_{TR}}{df1}$	$F_{df1, df2}$
잔차(Error)	SS_E	$df2 = N - k$	$MS_E = \dfrac{SS_E}{df2}$	$= \dfrac{MS_{TR}}{MS_E}$
계	SS_T $= SS_{TR} + SS_E$	$df1 + df2$ $= N - 1$		

예를 통해 일원분산분석을 수행해 보자.

미국, 중국, 한국, 일본의 성인 여성 각각 8명을 대상으로 IQ 테스트를 실시간 결과 다음과 같은 결과가 나왔다고 하자. 나라별로 IQ는 다르다고 할 수 있는지 분산분석을 통해 F-검정을 수행해 보자. 유의수준은 5%로 하자. 또한 각 나라의 여성은 랜덤하게 선정되었으며, 각 나라의 성인 여성의 IQ는 정규분포를 따르고, 분산이 같으며, 독립적이라고 가정하자.

NO.	1	2	3	4	5	6	7	8
미국(a)	100	110	105	100	95	105	115	120
중국(c)	120	130	100	105	90	85	105	100
한국(k)	110	120	130	100	115	120	125	110
일본(j)	105	140	100	90	95	110	120	105

귀무가설과 대립가설을 정의하면 다음과 같다.

- 귀무가설(H_0) : 4개국의 성인 여성의 IQ에는 차이가 없다.
- 대립가설(H_1) : 4개국의 성인 여성의 IQ에는 차이가 있다.

미국의 평균 $\overline{y}_a$ = 106.25, 중국의 평균 $\overline{y}_c$ = 104.375, 한국의 평균 $\overline{y}_k$ = 116.25, 일본의 평균 $\overline{y}_j$ = 108.125이다. 그리고 전체 평균 $\overline{y}$ = 108.75이다. 데이터집단 간의 변동인 SS_{TR}을 구해보자. 이는 다음과 같이 구할 수 있다.

$$SS_{TR} = 8\,\{(106.25 - 108.75)^2 + (104.375 - 108.75)^2 + (116.25 - 108.75)^2 + (108.125 - 108.75)^2\}$$

$$= 656.24$$

데이터 집단내 변동인 SS_E를 구하면 다음과 같다.

$$SS_E\left(\text{미국}\right) = (100 - 106.25)^2 + (110 - 106.25)^2 + (105 - 106.25)^2 +$$
$$(100 - 106.25)^2 + (95 - 106.25)^2 + (105 - 106.25)^2 +$$
$$(115 - 106.25)^2 + (120 - 106.25)^2$$
$$= 487.5$$

$$SS_E\left(\text{중국}\right) = (120 - 104.375)^2 + (130 - 104.375)^2 + (100 - 104.375)^2 +$$
$$(105 - 104.375)^2 + (90 - 104.375)^2 + (85 - 104.375)^2 +$$
$$(105 - 104.375)^2 + (100 - 104.375)^2$$
$$= 1521.875$$

$$SS_E\left(\text{한국}\right) = (110 - 116.25)^2 + (120 - 116.25)^2 + (130 - 116.25)^2 +$$
$$(100 - 116.25)^2 + (115 - 116.25)^2 + (120 - 116.25)^2 +$$
$$(125 - 116.25)^2 + (110 - 116.25)^2$$
$$= 637.5$$

$$SS_E\left(\text{일본}\right) = (105 - 108.125)^2 + (140 - 108.125)^2 + (100 - 108.125)^2 +$$
$$(90 - 108.125)^2 + (95 - 108.125)^2 + (110 - 108.125)^2 +$$
$$(120 - 106.25)^2 + (105 - 106.25)^2$$
$$= 1746.875$$

$$SS_E = SS_E\left(\text{미국}\right) + SS_E\left(\text{중국}\right) + SS_E\left(\text{한국}\right) + SS_E\left(\text{일본}\right)$$
$$= 487.5 + 1521.875 + 637.5 + 1746.875 = 4393.75$$

이제 집단간 분산과 집단내 분산을 구해보자. $df1 = 4 - 1 = 3$이고, $df2 = 32 - 4 = 28$이므로, 다음과 같이 구할 수 있다.

$$\text{집단간 분산}(MS_{TR}) = \frac{656.24}{3} = 218.747$$

$$\text{집단내 분산}(MS_E) = \frac{4393.75}{28} = 156.92$$

따라서 F-검정통계량은 다음과 같다.

$$F_{3,28} = \frac{218.747}{156.92} = 1.394$$

이제 유의확률인 $p-value$를 구해보자. 유의확률은 다음과 같이 파이썬이나 R코드로 구하면 된다.

```python
import scipy.stats as ss
prob = 1-ss.f.cdf(1.394, 3, 28)
print(prob)
```

```
0.26521858747667726
```

```r
> 1-pf(1.394, 3, 28)
[1] 0.2652186
```

유의확률이 0.265로 유의수준을 0.05라고 했을 경우, 유의수준보다 크기 때문에 귀무가설인 "4개국의 성인 여성의 IQ는 차이가 없다."를 채택한다. 다시 말해, 미국, 중국, 한국, 일본 성인 여성의 IQ 평균은 다르다고 할 수 없다.

이번에는 파이썬과 R의 분산분석 함수를 사용하여 분산분석을 수행하고 결과를 확인해보자. 다음은 파이썬에서 제공하는 분산분석 함수를 예제에 적용한 결과다. 결과를 보면, 지금까지 직접 계산한 결과와 F-검정 통계량 및 유의확률이 같음을 알 수 있다.

```python
import numpy as np
import scipy.stats as ss
America = np.array([100, 110, 105, 100, 95, 105, 115, 120])
China = np.array([120, 130, 100, 105, 90, 85, 105, 100])
Korea = np.array([110, 120, 130, 100, 115, 120, 125, 110])
Japan = np.array([105, 140, 100, 90, 95, 110, 120, 105])
ss.f_oneway(America, China, Korea, Japan)
```

```
F_onewayResult(statistic=1.3940256045519204, pvalue=0.26521115137792056)
```

다음은 R에서 제공하는 분산분석 함수를 예제에 적용한 결과다. 결과에서 F-검정 통계량 과 유의확률이 같음을 알 수 있다.

```
> iq <- c(100, 110, 105, 100, 95, 105, 115, 120,
+          120, 130, 100, 105, 90, 85, 105, 100,
+          110, 120, 130, 100, 115, 120, 125, 110,
+          105, 140, 100, 90, 95, 110, 120, 105)
> nation <- c(rep("America", 8), rep("China", 8),
+             rep("Korea", 8), rep("Japan", 8))
> IQ_NATION <- data.frame(IQ=iq, NATION=nation)
> ANOVA <- aov(IQ ~ NATION, data=IQ_NATION)
> summary(ANOVA)
            Df Sum Sq Mean Sq F value Pr(>F)
NATION       3    656   218.8   1.394  0.265
Residuals   28   4394   156.9
```

다음은 이원분산분석에 대해 자세히 알아보자.

3. 이원분산분석(Two-Way ANOVA)

이원분산분석은 범주형 독립변수가 2개인 경우를 말한다. 예를 들어, 앞에 예제에서 독립변수가 국가(미국, 중국, 한국, 일본)와 성(남자, 여자)과 같이 2개가 있으면 이원분산분석을 수행해야 한다. 이원분산분석에서는 독립변수들 간에 교호작용이 있을 수 있다. 교호작용이란 실험을 할 때 서로 두 변수 간에 서로 영향을 미치는 경우를 말한다. 반복이 없는 이원분산분석은 2개의 변수가 서로 독립이라는 것을 가정한다. 만약 2개의 변수 간에 상호 교호작용이 종속변수에 어떻게 영향을 미치는 지 알고 싶다면 반복이 있는 이원분산분석을 수행하여 두 변수가 결합했을 때 종속변수에 미치는 영향을 분석할 수 있다. 분산분석표와 예제를 통해 자세히 살펴보자.

1) 반복이 없는 이원분산분석

반복이 없는 이원분산분석은 2개의 독립변수들이 서로 독립적이라고 가정한다. 즉, 실험을 할 때 두 변수 간에 서로 영향을 미치지 않아야 한다. 분산분석표는 다음 표와 같다. 표에서 일원분산분석과의 차이점은 요인 B가 추가되었다는 것이다. 그리고 잔차(Error)의 자유도는 요인 A의 자유도와 요인 B의 자유도를 곱하면 된다. 요인 B가 추가되었기 때문에 F-검정통계량 또한 2개로 계산되며, 각각의 요인이 종속변수에 어느 정도의 영향을 미치는 지 알 수 있다. 즉, 2개의 유의확률을 구하여 어떤 요인이 종속변수의 차이를 발생시키는 지 확인할 수 있다. 앞에서도 언급했지만, 반복이 없는 이원분산분석은 상호 교호 작용에 의한 종속변수에 미치는 영향은 분석하지 않는다.

[표] 반복이 없는 이원분산분석표

요인	변동(제곱합)	자유도	분산	F-검정 통계량
A	SS_A	$df1 = a - 1$	$MS_A = \dfrac{SS_A}{df1}$	$F_{df1,df3} = \dfrac{MS_A}{MS_E}$
B	SS_B	$df2 = b - 1$	$MS_B = \dfrac{SS_B}{df2}$	$F_{df2,df3} = \dfrac{MS_B}{MS_E}$
잔차(Error)	SS_E	$df3 = (df1)(df2)$	$MS_E = \dfrac{SS_E}{df3}$	
계	$SS_T = SS_A + SS_B + SS_E$	$df1 + df2 + df3 = ab - 1$		

각 변동(제곱합)을 구하는 수식은 다음과 같다.

$$SS_T = \sum_{i=1}^{a} \sum_{j=1}^{b} (y_{ij} - \bar{\bar{y}})^2$$

$$SS_A = b \sum_{i=1}^{a} (\bar{y}_i - \bar{\bar{y}})^2$$

$$SS_B = a \sum_{j=1}^{b} (\bar{y}_j - \bar{\bar{y}})^2$$

$$SS_E = \sum_{i=1}^{a} \sum_{j=1}^{b} (y_{ij} - \bar{y}_i - \bar{y}_j + \bar{\bar{y}})^2$$

위 변동을 구하는 식에서 i는 요인 A의 인자이며, j는 요인 B의 인자이다. 그리고 $\bar{y}_i$ 는 요인 A의 i번째 처리의 평균, $\bar{y}_j$ 는 요인 B의 j번째 처리의 평균, 그리고 $\bar{y}$ 는 전체 평균이다. 그럼 이제 예제를 통해 반복이 없는 이원분산분석을 수행해 보자.

어느 패밀리 레스토랑 사업가는 패밀리 레스토랑별(AS, OB, VI), 그리고 도시 규모별(대도시, 중형도시, 소형도시)로 매출의 차이가 있는지 확인하고자 한다. 각 패밀리 레스토랑과 각 도시 규모는 서로 교호작용이 없다고 가정한다. 최근 한달간 전체 매장 평균 월매출을 조사하였더니, 다음 표와 같았다고 한다. 매출단위는 천만 원이다. 반복이 없는 이원분산분석을 수행해 보자.

[표] 패밀리 레스토랑, 도시 규모별 월 매출(단위: 천만원)

구분	대도시	중형도시	소형도시
AS	20	18	14
OB	16	15	17
VI	18	13	12

우선 도시를 요인 A라고 하고, 패밀리 레스토랑을 요인 B라고 하자. 요인 A에 대한 변동(제곱합) SS_A을 구해보자.

$\bar{y}$ (대도시) $= 18.00$

$\bar{y}$ (중형도시) $= 15.33$

$\bar{y}$ (소형도시) $= 14.33$

$\bar{y}$ (전체)$= 15.89$

따라서 요인 A의 변동(제곱합)은

$$SS_A = 3\{(18.00 - 15.89)^2 + (15.33 - 15.89)^2 + (14.33 - 15.89)^2\}$$

$$= 21.56$$

이다.

요인 B의 변동(제곱합) SS_B을 구해보자.

$\bar{y}$ (AS) = 17.33

$\bar{y}$ (OB) = 16.00

$\bar{y}$ (VI) = 14.33

$\bar{\bar{y}}$ (전체) = 15.89

따라서 요인 B의 변동(제곱합)은

$$SS_B = 3\{(17.33 - 15.89)^2 + (16.00 - 15.89)^2 + (14.33 - 15.89)^2\}$$

$$= 13.56$$

이다.

이제 잔차(Error)의 변동(제곱합) SS_E을 구해보자. 잔차의 변동은 각 데이터에서 요인 A의 평균과 요인 B의 평균을 뺀 후 전체 평균을 더한 다음 제곱을 하면 된다. 예를 들어, 예제에서 대도시이며 AS의 값은 20이므로, 20에서 대도시의 평균인 18과 AS의 평균인 17.33을 뺀 후 전체 평균인 15.89을 더하면, 20 - 18 - 17.33 + 15.89 = 0.56이 되며, 이를 제곱하면 0.31이 된다. 이렇게 모든 데이터에 대해 변동을 구한 후 모두 더하면 된다. 9개 데이터의 잔차 제곱합은 다음 표와 같다.

[표] 잔차의 제곱

구분	대도시	중형도시	소형도시
AS	0.31	1.49	3.16
OB	4.46	0.20	6.53
VI	2.42	0.60	0.60

따라서 이를 모두 더하면,

$$SS_E = 19.78$$

이다.

요인 A의 자유도($df1$)는 3 - 1 = 2, 요인 B의 자유도($df2$)는 3 - 1 = 2, 그리고 잔차의 자유도($df3$)는 A의 자유도와 B의 자유도를 곱한 값이므로 4이다. 이제 요인별 분산을 구해보면 다음과 같다.

$$MS_A = \frac{SS_A}{df1} = \frac{21.56}{2} = 10.78$$

$$MS_B = \frac{SS_B}{df2} = \frac{13.56}{2} = 6.78$$

$$MS_E = \frac{SS_E}{df3} = \frac{19.78}{4} = 4.945$$

이제 F-검정통계량을 구해보면, A 요인의 F-검정 통계량과 B 요인의 F-검정 통계량은 각각 다음과 같다.

$$F_{2,4} = \frac{MS_A}{MS_E} = \frac{10.78}{4.945} = 2.18$$

$$F_{2,4} = \frac{MS_B}{MS_E} = \frac{6.78}{4.945} = 1.37$$

유의확률 $p-value$는 다음과 같이 파이썬 또는 R로 구할 수 있다.

```python
import scipy.stats as ss
prob_A = 1-ss.f.cdf(2.18, 2, 4)
prob_B = 1-ss.f.cdf(1.37, 2, 4)
print(prob_A)
print(prob_B)

0.22893248780934494
0.3522087893703387
```

```
> 1-pf(2.18, 2, 4)
[1] 0.2289325
> 1-pf(1.37, 2, 4)
[1] 0.3522088
```

요인 A의 유의확률은 0.229이며, 요인 B의 유의확률은 0.352이다. 두개 모두 유의수준인 0.05보다 크기 때문에 "도시 규모에 따라 월매출이 다르다." 또는 "패밀리 레스토랑별로 월매출이 다르다."라고 주장할 만하게 영향을 주지는 못하는 것으로 확인된다. 다시 말해, 도시 규모별로 매장의 월매출에 차이가 있다고 주장하기에는 확률적으로 어려우며, 또한 패밀리 레스토랑별로 매장의 월매출에 차이가 있다고 주장하기에도 확률적으로 어렵다.

이 예제를 파이썬이나 R이 제공하는 함수를 사용하여 직접 분석해 보자. 다음은 파이썬에서 제공하는 함수를 사용한 코드와 결과다. 결과를 보면 직접 계산한 결과와 같음을 알 수 있다. 코드상에서 도시 규모는 'city_level', 대도시는 'large', 중형도시는 'medium', 소형도시는 'small'로 표현하였다.

```python
import pandas as pd
from statsmodels.formula.api import ols
from statsmodels.stats.anova import anova_lm
dat = pd.DataFrame({
    'sales': [20, 16, 18, 18, 15, 13, 14, 17, 12],
    'city_level': ['large', 'large', 'large', 'medium', 'medium', 'medium',
                   'small', 'small', 'small'],
    'family_restaurant': ['AS', 'OB', 'VI', 'AS', 'OB', 'VI',
                          'AS', 'OB', 'VI']
})
model = ols('sales ~ city_level + family_restaurant', data=dat).fit()
anova_lm(model)
```

	df	sum_sq	mean_sq	F	PR(>F)
city_level	2.0	21.555556	10.777778	2.179775	0.228957
family_restaurant	2.0	13.555556	6.777778	1.370787	0.352044
Residual	4.0	19.777778	4.944444	NaN	NaN

다음은 R이 제공하는 함수를 사용한 코드와 결과다. R의 실행결과를 보면 직접 계산한 결과와 같음을 알 수 있다.

```r
> sales <- c(20, 16, 18, 18, 15, 13, 14, 17, 12)
> city_level <- c(rep("large", 3), rep("medium", 3),
+                 rep("samll", 3))
> family_restaurant <- c("AS", "OB", "VI", "AS", "OB",
+                         "VI", "AS", "OB", "VI")
> CR <- data.frame(SA=sales, CL=city_level,
+                  FR=family_restaurant)
> ANOVA <- aov(SA ~ CL + FR, data=CR)
> summary(ANOVA)
            Df Sum Sq Mean Sq F value Pr(>F)
CL           2  21.56  10.778   2.180  0.229
FR           2  13.56   6.778   1.371  0.352
Residuals    4  19.78   4.944
```

2) 반복이 있는 이원분산분석

반복이 있는 이원분산분석은 각각의 요일별로 데이터의 수가 복수 개 있는 경우이다. 이런 경우, 앞에서도 언급했지만, 두 요인(변수)의 상호 교호작용, 즉 두 변수를 동시에 고려할 때 종속변수에 미치는 영향을 확인할 수 있다. 따라서 반복이 있는 이원분산분석에서는 요인이 A, B, A·B 이렇게 3개가 되며, F-검정통계량 또한 3개가 된다. 반복되는 데이터 수를 r이라고 할 때, 반복이 있는 이원분산분석에서의 분산분석표는 다음과 같다.

[표] 반복이 있는 이원분산분석표

요인	변동(제곱합)	자유도	분산	F-검정 통계량
A	SS_A	$df1 = a - 1$	$MS_A = \dfrac{SS_A}{df1}$	$F_{df1,df4} = \dfrac{MS_A}{MS_E}$
B	SS_B	$df2 = b - 1$	$MS_B = \dfrac{SS_A}{df2}$	$F_{df2,df4} = \dfrac{MS_B}{MS_E}$
A·B (상호작용)	SS_{AB}	$df3 = (df1)(df2)$	$MS_{AB} = \dfrac{SS_A}{df3}$	$F_{df3,df4} = \dfrac{MS_{AB}}{MS_E}$
잔차(Error)	SS_E	$df4 = ab(r - 1)$	$MS_E = \dfrac{SS_A}{df4}$	
계	$SS_T = SS_A + SS_B + SS_{AB} + SS_E$	$abr - 1$		

각 변동(제곱합)을 구하는 수식은 다음과 같다.

$$SS_T = \sum_{i=1}^{a} \sum_{j=1}^{b} \sum_{k=1}^{r} (y_{ijk} - \bar{\bar{y}})^2$$

$$SS_A = br \sum_{i=1}^{a} (\bar{y}_i - \bar{\bar{y}})^2$$

$$SS_B = ar \sum_{j=1}^{b} (\bar{y}_j - \bar{\bar{y}})^2$$

$$SS_{AB} = r \sum_{i=1}^{a} \sum_{j=1}^{b} (\bar{y}_{ij} - \bar{y}_i - \bar{y}_j + \bar{\bar{y}})^2$$

$$SS_E = \sum_{i=1}^{a} \sum_{j=1}^{b} \sum_{k=1}^{r} (y_{ijk} - \bar{y}_{ij})^2$$

위 변동식에서 i는 요인 A의 인자, j는 요인 B의 인자, r은 반복횟수이다. 그리고 $\bar{y}_i$는 요인 A의 i번째 처리의 평균, $\bar{y}_j$는 요인 B의 j번째 처리의 평균, $\bar{y}_{ij}$는 요인 A는 i번째, 요인 B는 j번째 처리의 평균이다. 그리고 $\bar{\bar{y}}$는 전체 평균이다. 이제 예제를 통해 직접 계산하여 분산분석을 수행해 보자.

아래 예제 데이터는 반복이 없는 이원분산분석에서 데이터를 반복하여 얻은 데이터이다. 이 예제는 패밀리 레스토랑별(AS, OB, VI)과 도시 규모별(대도시, 중형도시, 소형도시)로 매출의 차이가 있는지 확인하고자 하는 예제이다. 앞서 반복이 없는 이원분산분석은 최근 1개월 매장 평균 월 매출 데이터를 사용했는데, 이번 예제에서는 최근 3개월의 매장 평균 월 매출 데이터를 사용하였다. 데이터는 다음과 같다.

구분	대도시			중형도시			소형도시		
AS	20	21	22	18	17	18	14	12	13
OB	16	17	16	15	13	14	17	18	16
VI	18	19	17	13	12	13	12	10	10

우선 도시 규모를 요인 A라고 하고, 패밀리 레스토랑을 요인 B라고 하자. 요인 A에 대한 변동(제곱합), SS_A을 구해보자.

$\bar{y}$ (대도시) = 18.44

$\bar{y}$ (중형도시) = 14.78

$\bar{y}$ (소형도시) = 13.55

$\bar{\bar{y}}$ (전체) = 15.59

따라서, br(패밀리 레스토랑 수와 반복횟수를 곱함)는 $3 \times 3 = 9$이므로 요인 A의 변동(제곱합)은

$$SS_A = 9\{(18.44 - 15.59)^2 + (14.78 - 15.59)^2 + (13.55 - 15.59)^2\}$$

$$= 116.5185$$

이다.

요인 B의 변동(제곱합) SS_B을 구해보자.

$\bar{y}$ (AS) = 17.22

$\bar{y}$ (OB) = 15.78

$\bar{y}$ (VI) = 13.78

$\bar{\bar{y}}$ (전체) = 15.59

따라서 ar(도시규모의 수와 반복횟수를 곱함)는 $3 \times 3 = 9$이므로 요인 B의 변동(제곱합)은

$$SS_B = 9\{(17.22 - 15.59)^2 + (15.78 - 15.59)^2 + (13.78 - 15.59)^2\}$$

$$= 53.8519$$

이다.

이번에는 요인 A(도시 규모)와 요인 B(패밀리 레스토랑)의 상호작용에 의한 변동을 계산해보자.

$\bar{y}$ (대도시, AS) = 21

$\bar{y}$ (대도시, OB) = 16.3

$\bar{y}$ (대도시, VI) = 18

$\bar{y}$ (중형도시, AS) = 17.7

$\bar{y}$ (중형도시, OB) = 14

$\bar{y}$ (중형도시, VI) = 12.7

$\bar{y}$ (소형도시, AS) = 13

$\bar{y}$ (소형도시, OB) = 17

$\bar{y}$ (소형도시, VI) = 10.7

따라서 요인 A, B의 상호작용에 의한 변동은 식에 따라

$$SS_{AB} = 3(21 - 18.4 - 17.2 + 15.6)^2 + 3(16.3 - 18.4 - 15.8 + 15.6)^2 +$$

$$3(18 - 18.4 - 13.8 + 15.6)^2 + 3(17.7 - 14.8 - 17.2 + 15.6)^2 +$$

$$3(14 - 14.8 - 15.8 + 15.6)^2 + 3(12.7 - 14.8 - 13.8 + 15.6)^2 +$$

$$3(13 - 13.6 - 17.2 + 15.6)^2 + 3(17 - 13.6 - 15.8 + 15.6)^2 +$$

$$3(10.7 - 13.6 - 13.8 + 15.6)^2$$

$$= 81.48$$

이다.

잔차(Error)의 변동(제곱합), SS_E을 구해보자. 잔차의 변동 식에 따라 구하면,

$$SS_E = 14.67$$

이다.

$df1$은 a − 1이므로 3 − 1 = 2, $df2$는 b − 1로 3 − 1 = 2, $df3$는 $(df1)(df2)$로 2 × 2 = 4, 그리고 $df4$는 $ab(r − 1)$이므로 3 × 3 × 2 = 18이다. 따라서, 요인 A, B, A·B별 각각의 F-검정통계량을 구하면 다음과 같다.

$$MS_A = \frac{SS_A}{df1} = \frac{116.5185}{2} = 58.26$$

$$MS_B = \frac{SS_B}{df2} = \frac{53.8519}{2} = 26.93$$

$$MS_{AB} = \frac{SS_{AB}}{df3} = \frac{81.48}{4} = 20.37$$

$$MS_E = \frac{SS_E}{df4} = \frac{14.67}{18} = 0.82$$

이제 F-검정통계량을 구해보면, A 요인의 F-검정통계량과 B 요인의 F-검정통계량, 그리고 A·B 상호작용에 의한 F-검정통계량은 각각 다음과 같다.

$$F_{2,18} = \frac{MS_A}{MS_E} = \frac{58.26}{0.82} = 71.50$$

$$F_{2,18} = \frac{MS_B}{MS_E} = \frac{26.93}{0.82} = 33.05$$

$$F_{4,18} = \frac{MS_{AB}}{MS_E} = \frac{20.37}{0.82} = 25.00$$

유의확률 $p - value$는 다음과 같이 파이썬 또는 R로 구할 수 있다.

```python
import scipy.stats as ss
prob_A = 1-ss.f.cdf(71.5, 2, 18)
prob_B = 1-ss.f.cdf(33.05, 2, 18)
prob_AB = 1-ss.f.cdf(25.0, 4, 18)
print(prob_A)
print(prob_B)
print(prob_AB)

2.729101278298174e-09
9.425156793918532e-07
3.8581601491394224e-07
```

```r
> 1-pf(71.5, 2, 18)
[1] 2.729101e-09
> 1-pf(33.05, 2, 18)
[1] 9.425157e-07
> 1-pf(25.0, 4, 18)
[1] 3.85816e-07
```

요인 A, B, A·B에 대한 유의확률은 모두 유의수준인 0.05보다 작기 때문에 "도시 규모별로 월매출이 다르고, 패밀리 레스토랑별로도 월매출이 다르고, 도시규모와 패밀리 레스토랑별로도 월매출이 다르다."라고 주장할 수 있다. 3개의 요인 중 요인 A의 유의확률이 가장 작기 때문에 도시 규모가 월매출 차이에 가장 큰 영향을 미친다는 것을 알 수 있다.

이 예제를 파이썬이나 R이 제공하는 함수를 사용하여 직접 분석해보자. 다음은 파이썬에서 제공하는 함수를 사용한 코드와 결과다. 결과를 보면 직접 계산한 결과와 같음을 알 수 있다. 코드상에서 도시규모는 city_level, 대도시는 'L', 중형도시는 'M', 소형도시는 'S'로 표현하였다. 결과를 보면 지금까지 직접 계산한 것과 같다는 것을 알 수 있다. 만약 약간 차이나는 부분이 있다면 계산과정에서 소수점 반올림한 부분으로 인해 발생한 것이다.

```python
import pandas as pd
from statsmodels.formula.api import ols
from statsmodels.stats.anova import anova_lm
dat = pd.DataFrame({
    'sales': [20, 16, 18, 21, 17, 19, 22, 16, 17,
              18, 15, 13, 17, 13, 12, 18, 14, 13,
              14, 17, 12, 12, 18, 10, 13, 16, 10],
    'city_level': ['L','L','L','L','L','L','L','L','L',
                   'M','M','M','M','M','M','M','M','M',
                   'S','S','S','S','S','S','S','S','S'],
    'family_restaurant': ['A','O','V','A','O','V','A','O','V',
                          'A','O','V','A','O','V','A','O','V',
                          'A','O','V','A','O','V','A','O','V']
})
anova_text = 'sales ~ city_level + family_restaurant + city_level*family_restaurant'
model = ols(anova_text, data=dat).fit()
anova_lm(model)
```

	df	sum_sq	mean_sq	F	PR(>F)
city_level	2.0	116.518519	58.259259	71.500000	2.729101e-09
family_restaurant	2.0	53.851852	26.925926	33.045455	9.434331e-07
city_level:family_restaurant	4.0	81.481481	20.370370	25.000000	3.858160e-07
Residual	18.0	14.666667	0.814815	NaN	NaN

다음은 R이 제공하는 함수를 사용한 코드와 결과다. R의 실행결과를 보면 직접 계산한 결과와 같음을 알 수 있다.

```r
> sales <- c(20, 16, 18, 21, 17, 19, 22, 16, 17,
+            18, 15, 13, 17, 13, 12, 18, 14, 13,
+            14, 17, 12, 12, 18, 10, 13, 16, 10)
> city_level <- c(rep("L", 9), rep("M", 9), rep("S", 9))
> family_restaurant <- c(rep(c("A", "O", "V"), 9))
> CR <- data.frame(SA=sales, CL=city_level,
+                  FR=family_restaurant)
> ANOVA <- aov(SA ~ CL + FR + CL*FR, data=CR)
> summary(ANOVA)
            Df Sum Sq Mean Sq F value   Pr(>F)
CL           2 116.52   58.26   71.50 2.73e-09 ***
FR           2  53.85   26.93   33.05 9.43e-07 ***
CL:FR        4  81.48   20.37   25.00 3.86e-07 ***
Residuals   18  14.67    0.81
```

11장

회귀분석

1. 개요

회귀분석(Regression Analysis)은 독립변수 X와 종속변수 Y가 주어졌을 때, X가 Y에 얼마나 영향을 미치는지 추정하는 통계기법이다. 극단적인 예를 들어보자. 1시간 공부했을 때 1점을 받았고, 2시간 공부했을 때 2점을 받았고, 3시간 공부했을 때 3점을 받았다면, Y=X라는 회귀모형(Regression Model)으로 Y값을 예측할 수 있다. X가 4이면 Y도 4가 된다. 하지만 이러한 확정적 모형(Deterministic Model)은 세상에 존재하기 어렵다. 그러면, 세상에 존재할 만한 예를 들어보자. 1시간 공부했을 때 50점, 2시간 공부했을 때 60점, 3시간 공부했을 때 75점, 4시간 공부했을 때 80점을 받았다면, 회귀모형을 어떻게 그려야 할까? 아래 [그림 1]은 R을 통해 회귀모델(회귀선)을 그린 것이다. 그래프에서 가로축은 공부한 시간이고, 새로축은 점수이다. 4개의 모든 점이 직선위에 올 수는 없지만, 직선과 매우 가까운 것을 알 수 있다. 이 직선의 함수는 Y=10.5X+40이다.

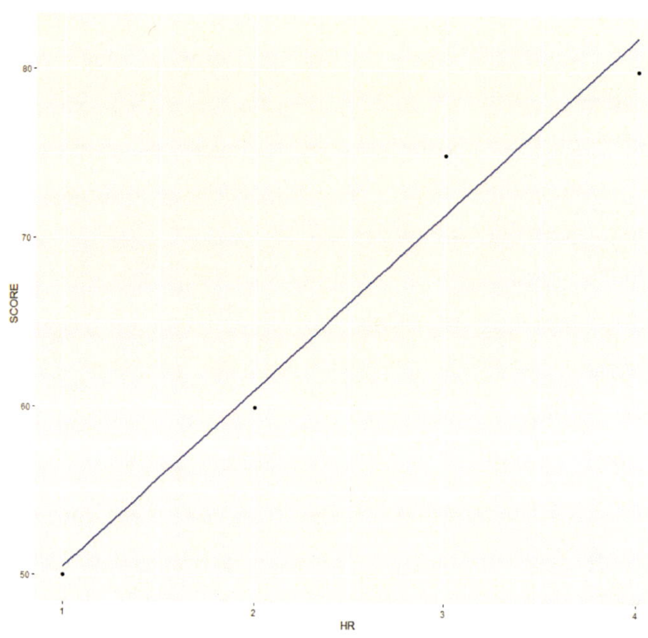

[그림 1] 1차 단순 회귀 모형 그래프

이 직선의 함수는 회귀분석의 결과인 회귀모델로 결국 4개의 점에서 가장 근접한 선을 그은 것이다. 이러한 단순회귀그래프 함수를 구하는 방법은 최소제곱법(Least Square Estimation)을 사용하는데, 이에 대해서는 단원 1에서 살펴본다. 만약 X=5라면, 즉 5시간을 공부했다면, 실제는 점수가 어떻게 나올 지는 모르지만, 이 회귀모형은 Y=10.5(5)+40=92.5점으로 추정(예측)할 것이다. 따라서 회귀분석은 새로운 독립변수의 값에 대해 종속변수인 결과를 예측하는 모델을 만드는 통계분석 방법이라고 할 수 있다.

만약 독립변수 X의 개수가 1개이면, 단순회귀(Simple Regression)라고 하며, 일반적으로 회귀함수는 식(1)과 같이 표현할 수 있다. 회귀함수는 1차식이므로 변수 X, Y는 선형관계를 갖는다. 식(1)에서 β_1은 X의 계수 즉, 기울기이며, β_0는 Y의 절편이고, ε는 잔차(Residual)를 말한다. [그림 1]에서 4개의 점이 회귀그래프에서 조금씩 떨어져 있는데, 이 거리가 바로 잔차이다. 따라서 잔차가 적을수록 좋은 모델이며, 만약 모든 점이 선위에 있다면, 잔차는 0로, 가장 최적의 회귀모형이 된다.

$$Y = \beta_0 + \beta_1 X + \varepsilon \ - \ \text{식(1)}$$

만약 독립변수 X의 개수가 복수 개 즉, k개라고 하면, 이를 다중회귀(Multiple Regression)라고 하며, 식(2)와 같은 회귀함수로 표현할 수 있다.

$$Y = \beta_0 + \beta_1 X_1 + \beta_2 X_2 + \cdots + \beta_k X_k + \varepsilon \ - \ \text{식(2)}$$

단순회귀와 마찬가지로 회귀함수는 1차식이므로 변수 X, Y는 선형관계를 갖는다. 뒤에서도 설명하겠지만, 다중회귀에서는 독립변수들 간에 서로 영향을 미치면 회귀모델 결과를 신뢰하기 어려워진다. 다시 말해, X변수들끼리 서로 독립적이지 않고, 어떤 관계가 있으면, 각 X변수가 Y변수에 미치는 영향을 정확히 알기 어렵게 된다.

이 외에도 X, Y의 관계가 선형이 아니고, 곡선일 때, 2차함수 이상으로 표현할 수 있는데, 이를 다항회귀(Polynomial Regression)이라고 한다. 다항회귀와 다른 비선형회귀로 지수함수,

로그함수, 삼각함수 등으로도 회귀함수를 표현할 수 있다. 다항회귀(Polynomial Regression)는 식(3)과 같은 함수로 회귀함수를 표현한다.

$$Y = \beta_0 + \beta_1 X^1 + \beta_2 X^2 + \cdots + \beta_k X^k + \varepsilon \; — \; 식(3)$$

지금까지는 종속변수가 연속형일 때만을 고려하였는데, 만약 종속변수가 범주형이라고 하면 이를 로지스틱 회귀(Logistic Regression)라고 한다. 로지스틱 회귀는 머신러닝(Machine Learning)에서 많이 다루는 분석방법으로 학습(Training)을 통해 얻은 회귀모형이 범주형의 결과를 추정(예측)하게 된다. 로지스틱 회귀에서 결과 변수인 Y는 연속형 값을 갖기 때문에 시그모이드(Sigmoid)와 같은 활성화 함수(Activation Function)를 통해 범주형 값으로 변환할 수 있다. 예를 들어, 증상만을 가지고 당뇨병인지 아닌지를 추정하는 경우, 증상들은 독립변수인 X 인자들이고, 결과는 종속변수인 Y가 된다. 과거의 많은 데이터(당뇨병 증상과 결과)를 가지고 학습을 시킨 후 추정모델(회귀모형)을 만든다. 이 책에서는 로지스틱 회귀는 신경망구조의 머신러닝에 해당하기 때문에 생략하기로 한다.

앞에서 회귀모형에서는 X와 Y가 선형이든 곡선이든 어떤 관계를 가지고 있어야 한다고 하였다. 만약 X와 Y가 아무런 관계가 없는 독립적인 변수라고 하면 회귀모형을 만들 수 없으며, 만들었다고 해도 추정이 매번 틀린 모형이 될 것이다. 이를 위해 회귀모형을 만들기 전에 X와 Y간의 관계를 시각적으로 살펴보아야 한다. 산점도(Scatter Plot)는 이를 위해 가장 적합한 그래프이다. 이 산점도를 통해 회귀분석 전에 Y에 영향을 많이 주는 X변수들을 찾아야 하고, 앞에서 살펴본 상관계수를 구하여 어느 정도 관계가 있는지도 알아보아야 한다. 실제 현실문제에서 Y에 영향을 줄 수 있는 X변수의 수는 수백 개가 될 수 있고, 이 중에서 Y에 정말 많은 영향을 주는 X변수를 찾는 것은 하나의 큰 숙제가 될 수 있다. [그림 2]는 자동차 연비에 대한 데이터셋을 가지고 자동차 연비(Mpg)인 Y변수에 영향을 미치는 X변수를 찾아보기 위해 산점도를 그린 것이다. 데이터셋에서 변수(컬럼)들은 다음 표와 같다.

변수명(컬럼명)	설명
Mpg(연비)	갤런당 마일 수, Y 종속변수
Cylinders(실린더)	엔진의 실린더 수
Displacement(배기량)	엔진의 배기량
Horsepower(마력)	엔진의 출력
Weight(중량)	자동차의 무게
Acceleration(가속도)	자동차의 가속도
Model.year(연식)	모델의 출시년도

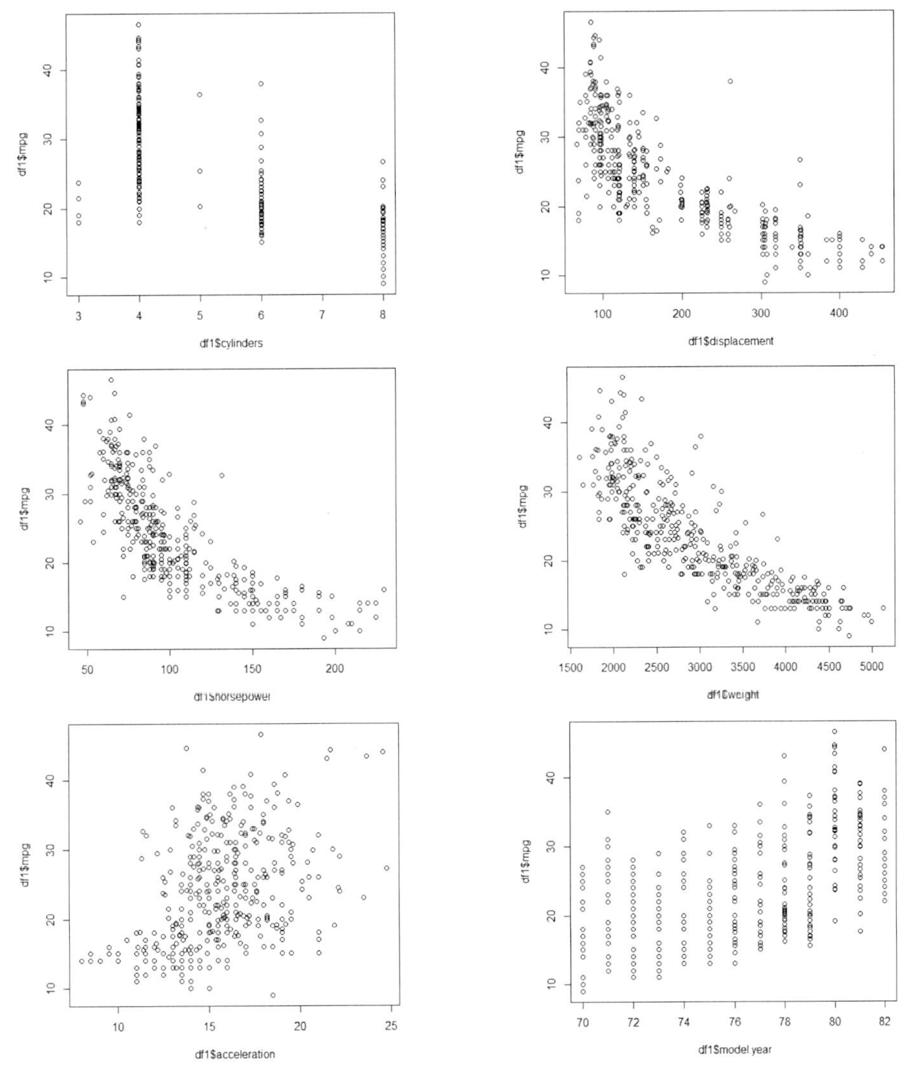

[그림 2] 자동차 연비 데이터 셋의 산점도

[그림 2]에서 실린더 수(Cylinders), 가속도(Acceleration)와 연식(Model.year)는 연비와 관계가 없음을 알 수 있으며, 이 세개의 변수는 처음부터 회귀분석에서 제외할 수 있다. [그림 2]에서 연비(Mpg)와 관계가 있어 보이는 것은 배기량(Displacement), 마력(Horsepower), 자동차 무게 (Weight)이다. 3개의 변수 모두 배기량과 음의 상관 관계를 가지고 있는 것을 확인할 수 있다. 배기량과 연비와의 상관계수는 -0.8이고, 마력과 연비와의 상관계수는 -0.78, 마지막으로 자동차 무게와 연비와의 상관계수는 -0.83이다. 따라서 자동차 연비는 자동차 무게와 가장 큰 음의 상관관계를 가지고 있다고 할 수 있다. 즉, 자동차 무게가 커지면, 연비는 줄어드는 관계 이다. 따라서 자동차 연비 데이터 셋에서는 자동차 무게와 연비 간의 회귀분석을 통한 회귀모 형을 만들어 봄으로써 새로운 자동차의 무게에 대해 연비를 추정(예측)할 수 있다.

회귀분석에서는 3가지의 가정이 필요하다. 하나는 독립성이다. 단순회귀분석에서는 독립변 수들 간에 관계가 없어야 한다. 만약 독립변수들 간에 상관성이 존재하면, 각각의 독립변수 X 가 종속변수 Y에 얼마만큼의 영향을 주는지 정확히 알기 어렵다. 따라서 독립변수들 간에 존 재하는 상관성을 제거해야 한다. 독립변수들 간에 존재하는 상관성을 다중공선성(Multicollin-earity)이라고 한다. 이를 제거하는 방법에 대해서는 단원 3에서 알아본다.

두번째는 등분산성이다. 이는 잔차들이 고르게 분포해야 된다는 의미다. 잔차의 등분산성 은 Levene's 검정을 통해 확인해 볼 수 있다. 세번째는 정규성이다. 이 또한 잔차들이 정규분 포의 형태를 가져야 한다는 의미다. Q-Q Plot을 통해 정규성을 시각적으로 확인할 수 있으며, Shapiro 검정을 통해 정규성을 확인할 수 있다.

앞에서 살펴본 독립성, 등분산성, 정규성은 10장의 분산분석과도 같은 가정들이다. 이 외에 도, 단순회귀분석과 다중회귀분석에서는 독립변수와 종속변수 간에 선형성(Linearity)이 있어 야 한다. 이는 앞에서도 살펴보았듯이, 산점도와 상관계수를 통해 확인해 볼 수 있다. 이제 단 순회귀분석, 다중회귀분석에 대해 자세히 알아보겠다. 다항회귀와 기타 비선형회귀는 이 책의 범위를 벗어나기 때문에 생략하도록 한다.

2. 단순회귀분석(Simple Regression Analysis)

단순회귀분석은 독립변수 X가 1개, 종속변수 Y가 1개 있는 경우, X가 Y에 얼마나 영향을 미치는지 추정(예측)하는 모델을 만드는 분석방법이다. 다음 식(4), 추정모델(회귀모형)은 독립변수 X가 주어졌을 때, Y를 추정하는 모형이다.

$$\hat{y} = b_1 x + b_0 \;-\; 식(4)$$

식(4)에서 $\hat{y}$ 은 추정치이며, b_1은 X의 계수(직선의 기울기), b_0는 Y의 절편이다. 식(4)에서 b_1과 b_0만 알게 되면 X가 주어졌을 때 예측값인 $\hat{y}$ 을 구할 수 있다. 그럼, b_1과 b_0는 어떻게 구할 수 있을까? 앞에서 살펴보았듯이, 잔차를 최소화하는 직선의 그래프를 구해야 한다. 이를 위해 최소제곱법(Least Square Estimation)을 이용한다. 최소제곱법은 잔차를 제곱하여 모두 더한 값이 최소가 되게 한다. 최소제곱법에 의해 b_1과 b_0을 구하는 식은 식(5)와 식(6)과 같다.

$$b_1 = \frac{\sum_{i=1}^{n}(x_i - \overline{x})(y_i - \overline{y})}{\sum_{i=1}^{n}(x_i - \overline{x})^2} \;-\; 식(5)$$

$$b_0 = \overline{y} - b_1 \overline{x} \;-\; 식(6)$$

1단원의 예를 통해 b_1과 b_0를 구해서 추정모델을 만들어 보자. 예제를 다시 살펴보면, 1시간 공부했을 때 50점, 2시간 공부했을 때 60점, 3시간 공부했을 때 75점, 4시간 공부했을 때 80점을 받은 경우, 공부한 시간을 독립변수인 X, 받은 점수를 종속변수인 Y로 정의했을 때의 회귀모형을 만드는 예제이다. 따라서 X와 Y를 정리하면 다음 표와 같다.

X	1	2	3	4
Y	50	60	75	80

$\overline{x}$ = 2.5, $\overline{y}$ = 66.25이고, n = 4이므로 이를 식(5)와 식(6)에 대입한 결과 b_1과 b_0를 다음과 같이 구할 수 있다.

$$b_1 = 10.5$$

$$b_0 = 40$$

따라서 추정모델(회귀모형)은 식(4)에 의해 다음과 같다.

$$\hat{y} = 10.5x + 40$$

그럼 잔차는 어떻게 될까? X가 1일 때, $\hat{y}$ = 50.5로 실제 50이 이보다 0.5 작다. 따라서 -0.5가 X가 1일 때의 잔차다. X가 2일 때는 $\hat{y}$ = 61로 실제 60이 이보다 1작다. 따라서 X가 2일 때의 잔차는 -1이다. 이렇게 구하면 X=3일 때 잔차는 3.5이고, X가 4일 때 잔차는 -2이다.

[그림 3]은 하나의 X값에 대한 실제 Y값 y_i, 추정 값인 $\hat{y}_i$, Y의 평균인 $\overline{y}$ 의 관계를 그래프로 표현한 것이다. 그림에서 한 점과 $\overline{y}$ 는 그림과 같다고 가정한다.

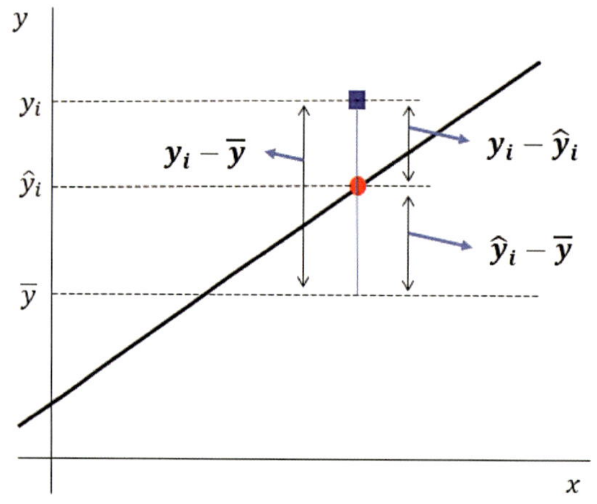

[그림 3] 회귀분석에서 종속변수의 실제값, 추정값, 평균값

[그림 3]에서 관측값은 파란색 네모이며, 추정값은 빨간색 동그라미이다. 그리고 종속변수 Y의 평균값은 맨 아래 점선으로 표현하였다. 그림에서 관측값에서 추정값의 차이는 잔차이며, 단순회귀분석은 결국 이 잔차의 제곱합을 최소화하는 그래프(회귀모형)를 찾는 방법이라고 할 수 있다.

[그림 3]에서 i번째 관측값에서 평균까지의 거리인 $y_i - \overline{y}$는 총 변동(편차)이며, i번째 추정값에서 평균까지의 거리인 $\hat{y}_i - \overline{y}$는 회귀선에 의해 설명되는 변동(편차), i번째 관측값에서 i번째 추정값까지의 거리인 $y_i - \hat{y}_i$은 회귀선에 의해 설명되지 않는 변동(편차), 즉 잔차다. 결국 i번째 관측값의 총 변동은 회귀선에 의해 설명되는 변동과 회귀선에 의해 설명되지 않는 변동을 합한 값으로 다음과 같이 표현할 수 있다.

$$y_i - \overline{y} = (\hat{y}_i - \overline{y}) + (y_i - \hat{y}_i)$$

지금까지 i번째 관측값에 대해 변동을 살펴보았는데, 이번에는 전체 관측값의 총변동에 대해 살펴보자. 전체 관측값에 대한 총 변동은 다음과 같이 표현할 수 있다.

$$\sum_{i=1}^{n}(y_i - \overline{y})^2 = \sum_{i=1}^{n}(\hat{y}_i - \overline{y})^2 + \sum_{i=1}^{n}(y_i - \hat{y}_i)^2$$

총변동(SST) = 회귀제곱합(SSR) + 잔차제곱합(SSE)

총변동(Total Sum of Square)은 각 관측값에서 평균을 뺀 후 제곱하여 모두 더한 값이다. 그리고 회귀선에 의해 설명되는 변동을 회귀제곱합(Regression Sum of Square)이라고 하는데, 이는 각 추정값에서 평균을 뺀 후 제곱하여 모두 더한 값이다. 마지막으로 회귀선에 의해 설명되지 않는 변동을 잔차제곱합(Residual Sum of Square)이라고 하는데, 이는 각 관측값에서 각 추정값을 뺀 후 제곱하여 모두 더한 값이다. 이를 분산분석표로 표현하면 다음 표와 같다.

요인	제곱합	자유도	분산	F-검정통계량
회귀	SSR	1	MSR=SSR	
잔차	SSE	n-2	MSE=SSE/(n-2)	F=MSR/MSE
총합	SST=SSR+SSE	n-1		

10장 분산분석에서 자세히 살펴보았지만, F-검정통계량이 크다는 것은 MSE보다 상대적으로 MSR이 크기 때문에 회귀선에 의해 설명되는 변동이 잔차에 의해 설명되는 변동보다 크다는 의미로 F값이 크면 클수록 회귀선(회귀모형)이 의미가 있을 확률이 높게 된다. 이는 또한 X와 Y의 관계를 회귀선이 잘 설명한다는 의미가 되기도 하고, 새로운 X값에 대해 추정한 Y값과 실제값과의 오차가 작게 된다는 의미다.

회귀선이 의미가 있는지 나타내는 또 하나의 중요한 척도는 결정계수(Coefficient of Determination)이다. 결정계수는 회귀선이 관측값을 얼마나 적절히 설명하는가를 나타내는 척도이다. 결정계수를 일반적으로 R^2라고 표현하며, 수식은 다음과 같다.

$$R^2 = \frac{SSR}{SST} = \frac{SST - SSE}{SST} = \frac{\text{회귀모형에 의해 설명되는 변동}}{\text{총변동}}$$

만약 회귀선에 모든 관측치가 위치하면 SSE=0이므로 결정계수, R^2는 1이 된다. R^2의 최댓값은 1이고, R^2는 1에 가까울수록 회귀선이 관측치를 잘 설명한다는 의미다. 따라서, R^2가 1이라는 의미는 회귀선이 모든 관측치를 가장 잘 설명한다는 의미다. 또한 R^2의 최솟값은 0으로 만약 R^2가 0에 가까울수록 회귀선은 의미가 없게 된다. 따라서, R^2가 0이라는 의미는 SSR=0이고 모든 변동이 잔차에 의한 변동으로, X와 Y 사이에는 상관관계가 없다고 할 수 있다. 그리고 결정계수와 상관계수 간에는 다음과 같은 관계가 성립한다. 이 식의 의미는 결정계수는 상관계수를 제곱한 값과 같다. 상관계수는 -1부터 1 사이의 값을 가지기 때문에 이 식이 성립한다.

$$R^2 = \rho^2$$

추가로 회귀분석을 하면 결과로 수정결정계수(Adjusted R-Squared)가 나오는데, 이 수정결정계수는 다음 식에 따라 계산된다. 식에서 k는 독립변수의 개수, n은 관측값의 수이다.

$$Adjusted\ R^2 = 1 - \frac{n-1}{n-1-k}(1 - R^2)$$

수정결정계수는 결정계수보다 작은 값이 되는데, 변수의 개수가 많아질수록 더 작은 값이 된다. 수정결정계수를 구하는 이유는 변수의 수가 늘어나면 결정계수의 값이 과도하게 증가하는 것을 방지하기 위함이다. 즉 변수의 수가 많아지면 과적합(Overfitting)이 나타나는데, 이를 조정하는 역할을 한다.

회귀분석을 하면 개별 회귀 계수에 대한 t-검정도 수행하는데, 이는 단순회귀에서는 회귀선의 기울기(β_1)와 절편(β_0)에 대해 검정한다. 각 검정에서 유의확률 $p - value$가 0.05보다 작으면 유의한 결과이기 때문에 모형에서 해당 항은 포함되어야 한다는 의미다. 즉, 해당 항 또는 해당 변수가 종속변수와 유의한 상관관계가 존재하여 회귀모형에 해당 항 또는 해당 변수가 포함되어야 한다는 의미다.

그럼 이제 예제를 통해 단순회귀분석을 수행해 보자. 우선 1단원에 나온 간단한 예제인 공부시간과 성적과의 관계에 대해 회귀분석을 수행해 보자. R을 통해 회귀분석을 수행한 코드와 결과는 다음과 같다.

```
> X <- c(1, 2, 3, 4)
> Y <- c(50, 60, 75, 80)
> result <- lm(Y ~ X)
> summary(result)

Call:
lm(formula = Y ~ X)

Residuals:
   1    2    3    4
-0.5 -1.0  3.5 -2.0

Coefficients:
            Estimate Std. Error t value Pr(>|t|)
(Intercept)   40.000      3.623  11.041   0.0081 **
X             10.500      1.323   7.937   0.0155 *
---
Signif. codes:  0 '***' 0.001 '**' 0.01 '*' 0.05 '.' 0.1 ' ' 1

Residual standard error: 2.958 on 2 degrees of freedom
Multiple R-squared:  0.9692,    Adjusted R-squared:  0.9538
F-statistic:     63 on 1 and 2 DF,  p-value: 0.0155
```

결과를 보면, X의 계수(b_1)는 10.5, 절편(b_0)은 40이 나온 것을 확인할 수 있다. 실제 앞에서 계산한 결과와 같음을 확인할 수 있다. 그리고, F-검정통계량은 63으로 매우 큰 값이 나왔고, 이는 회귀선에 의한 변동이 잔차에 의한 변동보다 63배나 크다는 것을 나타낸다. 이에 따라 유의확률 $p-value$는 0.0155로 유의수준 0.05보다 작기 때문에 이 회귀모형은 유의하다고 할 수 있다. 결정계수(R^2)는 0.9692로 회귀선이 4개의 관측치를 97% 설명한다고 할 수 있으며, 수정결정계수는 이보다 약간 작은 0.9538로 나왔다. 결정계수가 0.97이라는 것은 좋은 회귀모형으로 X와 Y의 관계를 잘 설명한다고 할 수 있다. X의 계수에 대한 유의확률은 0.0155로 유위수준 0.05보다 작기 때문에 유의한 항 또는 변수라고 할 수 있다. 절편의 유의확률 또한 0.0081로 유의수준 0.05보다 작기 때문에 유의한 항이라고 할 수 있다.

다음은 파이썬 코드로 회귀분석을 수행한 코드와 결과다.

```python
import pandas as pd
from sklearn.linear_model import LinearRegression
from sklearn.metrics import r2_score
from statsmodels.formula.api import ols
from statsmodels.stats.anova import anova_lm

df = pd.DataFrame({
    "study_hours": [1, 2, 3, 4],
    "score": [50, 60, 75, 80]
})

model = LinearRegression()
model.fit(df[["study_hours"]], df["score"])
pred = model.predict(df[["study_hours"]])
print("기울기 : ", model.coef_)
print("절편 : ", model.intercept_)
print("결정계수 : ", r2_score(df["score"], pred))

anova_text = "score ~ study_hours"
anova_model = ols(anova_text, data=df).fit()
anova_lm(anova_model)
```

```
기울기 :  [10.5]
절편 :  40.0
결정계수 :   0.9692307692307692
```

	df	sum_sq	mean_sq	F	PR(>F)
study_hours	1.0	551.25	551.25	63.0	0.015505
Residual	2.0	17.50	8.75	NaN	NaN

파이썬의 결과도 R의 결과와 같음을 확인할 수 있다. 다만, 코드를 보면, R코드가 파이썬보다 간단한 것을 확인할 수 있다. 다음 예제는 1단원에 있었던 "자동차와 연비" 데이터 셋을 가지고 단순회귀분석을 해보자.

이 예제에서 연비(Mpg)는 갤런당 마일 수이며, 종속변수에 해당한다. 상관계수를 통해 확인한 결과 자동차의 무게(Weight)가 연비와 가장 큰 음의 상관관계를 가지고 있는 것으로 확인되었기 때문에, 독립변수는 자동차 무게로 한다. 우선 R을 통해 데이터 타입과 데이터 수, 데이터 타입 등을 알아보면 다음과 같다.

```
> str(df)
'data.frame':   398 obs. of  7 variables:
 $ mpg         : num  18 15 18 16 17 15 14 14 14 15 ...
 $ cylinders   : int  8 8 8 8 8 8 8 8 8 ...
 $ displacement: num  307 350 318 304 302 429 454 440 455 390 ...
 $ horsepower  : int  130 165 150 150 140 198 220 215 225 190 ...
 $ weight      : int  3504 3693 3436 3433 3449 4341 4354 4312 4425 3850 ...
 $ acceleration: num  12 11.5 11 12 10.5 10 9 8.5 10 8.5 ...
 $ model.year  : int  70 70 70 70 70 70 70 70 70 70 ...
```

그리고 데이터 분포 형태를 확인하면 다음과 같다.

```
> summary(df)
      mpg            cylinders      displacement     horsepower        weight
 Min.   : 9.00   Min.   :3.000   Min.   : 68.0   Min.   : 46.0   Min.   :1613
 1st Qu.:17.50   1st Qu.:4.000   1st Qu.:104.2   1st Qu.: 75.0   1st Qu.:2224
 Median :23.00   Median :4.000   Median :148.5   Median : 92.0   Median :2804
 Mean   :23.51   Mean   :5.455   Mean   :193.4   Mean   :104.2   Mean   :2970
 3rd Qu.:29.00   3rd Qu.:8.000   3rd Qu.:262.0   3rd Qu.:125.0   3rd Qu.:3608
 Max.   :46.60   Max.   :8.000   Max.   :455.0   Max.   :230.0   Max.   :5140
                                                 NA's   :2

  acceleration     model.year
 Min.   : 8.00   Min.   :70.00
 1st Qu.:13.82   1st Qu.:73.00
 Median :15.50   Median :76.00
 Mean   :15.57   Mean   :76.01
 3rd Qu.:17.18   3rd Qu.:79.00
 Max.   :24.80   Max.   :82.00
```

데이터 수는 398개이며, 마력(Horsepower)에 2개의 결측치가 있는 것을 확인할 수 있다. 또한 연비는 숫자형(Num)이고, 자동차 무게는 정수형(Int)인 것을 확인할 수 있다. 앞에서 살펴본 연비와 자동차 무게의 상관계수는 -0.83이고, 산점도는 다음 그림과 같다.

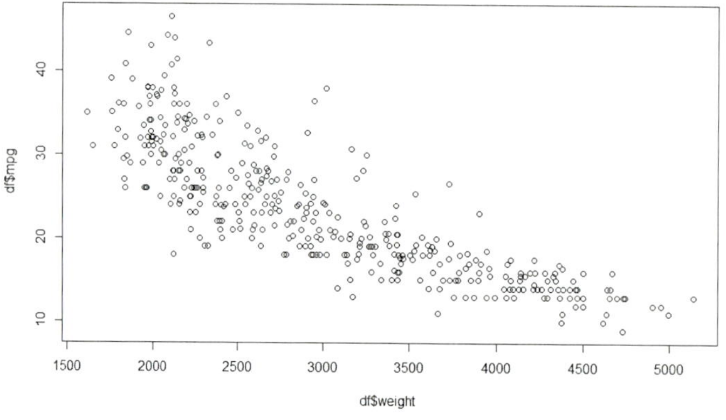

그럼 이제 단순회귀분석을 수행해 보자. R을 통해 회귀분석을 수행한 코드와 결과는 다음
과 같다.

```
> url=paste("https://raw.githubusercontent.com/",
+ "plotly/datasets/master/auto-mpg.csv", sep="")
> df = read.csv(url)
> result <- lm(df$mpg ~ df$weight)
> summary(result)

Call:
lm(formula = df$mpg ~ df$weight)

Residuals:
    Min      1Q  Median      3Q     Max
-12.012  -2.801  -0.351   2.114  16.480

Coefficients:
              Estimate Std. Error t value Pr(>|t|)
(Intercept) 46.3173644  0.7952452   58.24   <2e-16 ***
df$weight   -0.0076766  0.0002575  -29.81   <2e-16 ***
---
Signif. codes:  0 '***' 0.001 '**' 0.01 '*' 0.05 '.' 0.1 ' ' 1

Residual standard error: 4.345 on 396 degrees of freedom
Multiple R-squared:  0.6918,    Adjusted R-squared:  0.691
F-statistic: 888.9 on 1 and 396 DF,  p-value: < 2.2e-16
```

R의 실행코드에서 맨 처음 CSV파일로 되어 있는 자동차 연비 데이터 셋을 가져왔다. 결과
를 보면, X의 계수(b_1)는 -0.00767, 절편(b_0)은 46.317인 것을 확인할 수 있다. 그리고, F-검정통
계량은 888.9로 매우 큰 값이 나왔고, 이는 회귀선에 의한 변동이 잔차에 의한 변동보다 889
배나 크다는 것을 나타낸다. 이에 따라 유의확률 $p - value$는 2.2e-16로 유의수준 0.05보다
매우 작기 때문에 이 회귀모형은 유의하다고 할 수 있다. 결정계수(R^2)는 0.69282로 회귀선이
X와 Y의 각각 398개의 관측치에 대해 X와 Y의 관계를 69% 설명한다고 할 수 있다. X의 계수
와 절편에 대한 유의확률은 모두 2e-16으로 유위수준 0.05보다 매우 작기 때문에 모두 유의
한 항 또는 변수라고 할 수 있다. 다음 그림은 연비와 자동차 무게의 산점도에 회귀선을 그린
그림이다. 해당 회귀선이 X, Y 좌표에 표시된 398개의 점을 69% 설명한다는 것이다.

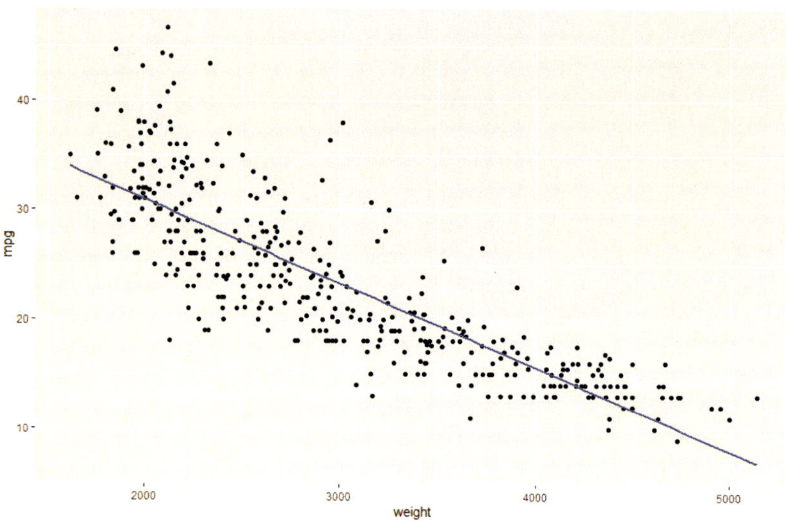

다음은 파이썬 코드로 회귀분석을 수행한 코드와 결과다. 파이썬의 결과도 R의 결과와 같음을 확인할 수 있다.

```python
import pandas as pd
from sklearn.linear_model import LinearRegression
from sklearn.metrics import r2_score
from statsmodels.formula.api import ols
from statsmodels.stats.anova import anova_lm

df = pd.read_csv("https://raw.githubusercontent.com"+
"/plotly/datasets/master/auto-mpg.csv")

model = LinearRegression()
model.fit(df[["weight"]], df["mpg"])
pred = model.predict(df[["weight"]])
print("기울기 : ", model.coef_)
print("절편 : ", model.intercept_)
print("결정계수 : ", r2_score(df["mpg"], pred))

anova_text = "mpg ~ weight"
anova_model = ols(anova_text, data=df).fit()
anova_lm(anova_model)

기울기 :  [-0.00767661]
절편 :  46.31736442026565
결정계수 :  0.6917929800341573
```

	df	sum_sq	mean_sq	F	PR(>F)
weight	1.0	16777.761463	16777.761463	888.850683	2.972800e-103
Residual	396.0	7474.814014	18.875793	NaN	NaN

3. 다중회귀분석(Multiple Regression)

다중회귀분석은 2개 이상의 독립변수와 하나의 종속변수일 때 실행하는 선형회귀분석이다. 다중회귀분석의 회귀함수는 1단원에서 보았듯이 다음 식과 같다.

$$Y = \beta_0 + \beta_1 X_1 + \beta_2 X_2 + \cdots + \beta_k X_k + \varepsilon$$

식에서 X는 독립변수, Y는 종속변수, ε는 잔차이다.

만약 독립변수가 2개이면, 추정모형(회귀모형)은 다음과 같다.

$$\hat{y} = b_1 x_1 + b_2 x_2 + b_0$$

예를 들어, 중간고사 점수와 퀴즈 점수 2개가 독립변수이고, 최종점수가 종속변수일 때 위와 같은 추정모형이 나올 수 있다. 이 모형은 단순회귀분석에서의 추정모형에 1개의 독립변수가 추가된 형태다. 만약 이러한 독립변수가 여러 개 추가된다면, 1단원에서도 언급했지만 다중공선성(Multicollinearity)과 같은 문제가 발생할 수 있다. 이는 독립변수들 간에 상관관계가 있다는 것으로 회귀분석의 가정인 독립변수들이 독립적이어야 한다는 가정을 위반한다. 예를 들어, 2단원에서 다룬 자동차연비 데이터 셋에서 독립변수인 자동차 무게(중량), 마력, 배기량은 서로 상관관계가 존재할 수 있다. 만약 이러한 문제가 발생하여 각 독립변수가 종속변수에 미치는 영향을 정확히 알기 어려울 때는 다중회귀분석의 분석결과를 신뢰하기 어렵다. 따라서 다중공선성이 있는 경우, 이를 해결한 후 분석하여 추정모델의 신뢰성을 확보하는 것이 중요하다.

다중공선성이 있는지 다음과 같이 확인해 본다.

a) 우선 결정계수 R^2는 큰 값이지만, 각 독립변수의 유의확률이 커서 유의하지 않는가를 확인한다. 일반적으로 결정계수가 크면, 독립변수와 종속변수간에 상관관계가 크고, 개별적인 독립변수들도 유의확률이 작아서 유의할 가능성이 높다.

b) 두 번째로 독립변수 간의 상관계수를 구해볼 수 있다. 상관관계가 얼마나 큰지 확인한다.

c) 세 번째로 다음 식과 같은 분산팽창요인(VIF; Variance Inflation Factor)를 구하여 이 값이 10보다 크면 다중공선성이 있다고 판단할 수 있다.

$$VIF = \frac{1}{1 - R^2}$$

다중공선성을 해결하는 방법은 독립변수의 수를 줄이는 것이다. 독립변수를 줄이는 방법은 4단원 최적회귀방정식에서 다루도록 한다. 머신러닝에서도 과적합(Overfitting)을 방지하기 위해 불필요한 변수를 제거하는 방법을 사용한다. 여기에는 주성분분석, 특이값분석, 선형판별분석 등이 있다. 이 내용은 이 책의 범위를 벗어남으로 다루지 않는다.

다중회귀분석에서 분산분석표는 다음 표와 같다.

요인	제곱합	자유도	분산	F-검정통계량
회귀	SSR	k	MSR=SSR/k	
잔차	SSE	n-k-1	MSE=SSE/(n-k-1)	F=MSR/MSE
총합	SST=SSR+SSE	n-1		

단순회귀의 분산분석표와 다른 부분은 자유도 부분이다. 단순회귀에서는 회귀의 자유도가 1이었지만, 다중회귀는 k(독립변수의 개수)다.

그럼 앞에서 언급한 간단한 예제를 통해 다중회귀분석을 수행해 보자. 예제는 중간고사 성적과 퀴즈성적이 독립변수이고, 최종성적이 종속변수이다. 예제에서 중간고사성적과 퀴즈성적은 독립적이라고 가정한다. 또한 잔차의 정규성, 등분산성을 가정한다. 데이터는 다음과 같다.

구분	중간고사성적	퀴즈성적	최종성적
1	70	80	88
2	50	30	55
3	75	60	70
4	90	95	95
5	40	60	50
6	50	70	70
7	100	70	90
8	85	70	80

다음은 이 예제의 다중회귀분석 수행을 위한 R코드와 수행결과다.

```
> mid_term <- c(70, 50, 75, 90, 40, 50, 100, 85)
> quiz <- c(80, 30, 60, 95, 60, 70, 70, 70)
> final <- c(88, 55, 70, 95, 50, 70, 90, 80)
> result <- lm(final ~ mid_term + quiz)
> summary(result)

Call:
lm(formula = final ~ mid_term + quiz)

Residuals:
       1        2        3        4        5        6        7        8
 7.88234  4.66044 -4.27084 -0.58200 -7.94355  3.30187 -0.02283 -3.02542

Coefficients:
            Estimate Std. Error t value Pr(>|t|)
(Intercept)  14.7459     9.2185   1.600   0.1706
mid_term      0.4665     0.1279   3.647   0.0148 *
quiz          0.4090     0.1474   2.774   0.0392 *
---
Signif. codes:  0 '***' 0.001 '**' 0.01 '*' 0.05 '.' 0.1 ' ' 1

Residual standard error: 6.092 on 5 degrees of freedom
Multiple R-squared:  0.902,      Adjusted R-squared:  0.8628
F-statistic: 23.01 on 2 and 5 DF,  p-value: 0.003007
```

수행결과에서 F-검정통계량은 23.01이고 유의확률 $p-value$는 0.003인 것을 확인할 수 있다. 유의확률이 유의수준인 0.05보다 작기 때문에 회귀선은 유의한 것으로 검정된다. 또한 결정계수인 R^2는 0.9로 회귀선이 8개의 점들을 90% 설명하고 있는 것을 확인할 수 있다. 회귀선(회귀모형)은 다음과 같은 식이 된다.

$$\hat{y} = 0.4665x_1 + 0.4090x_2 + 14.7459$$

회귀선에서 중간고사 변수인 x_1의 유의확률은 0.0148로 유의하며, 퀴즈 변수인 x_2도 유의확률은 0.0392로 유의하다. 다만, 종속변수인 Y의 절편의 유의확률은 0.1706으로 유의수준인 0.05보다 크기 때문에 유의하지 않다.

다음은 파이썬 코드와 그 결과다. 기울기와 절편, 결정계수 모두 R코드의 결과와 같음을 확인할 수 있다.

```python
import pandas as pd
from sklearn.linear_model import LinearRegression
from sklearn.metrics import r2_score

df = pd.DataFrame({
    "mid_term": [70, 50, 75, 90, 40, 50, 100, 85],
    "quiz": [80, 30, 60, 95, 60, 70, 70, 70],
    "final" : [88, 55, 70, 95, 50, 70, 90, 80]
})

model = LinearRegression()
model.fit(df[["mid_term","quiz"]], df["final"])
pred = model.predict(df[["mid_term", "quiz"]])
print("기울기 : ", model.coef_)
print("절편 : ", model.intercept_)
print("결정계수 : ", r2_score(df["final"], pred))

기울기 :  [0.46649399 0.40896422]
절편 :  14.745938793321876
결정계수 :  0.901987929518013
```

다음 다중회귀분석 예제는 하우징(Housing) 데이터 셋이다. 하우징 데이터 셋은 다음 표와 같은 변수(컬럼)들로 구성되어 있다.

No.	변수명(컬럼명)	설명
1	longitude	주택위치(경도)
2	latitude	주택위치(위도)
3	housing_median_age	주택들간 중간 년수
4	total_rooms	총 방수
5	total_bedrooms	총 침실수
6	population	인구
7	households	가구수
8	median_income	중위소득(달러)
9	median_house_value	주택중위가치(달러)
10	ocean_proximity	바다와 근접성

데이터의 값, 타입, 데이터 수, 결측치, 분포형태 등을 확인해보자. 우선 R에서 str()함수와 summary()함수를 사용하여 살펴보면 다음과 같다. 20,640개의 데이터가 존재하며, 바다와의 근접성인 ocean_proximity만 문자형임을 알 수 있다. 또한 총 실수인 total_ bedrooms에 207개의 데이터가 결측치인 것도 확인할 수 있다. 이번 예제에서 종속변수는 주택중위가치인 median_house_value이며, 독립변수는 나머지 변수들로 한다. 독립변수들은 독립적이라고 가정한다.

분석을 위해 데이터 전처리를 수행한다. 결측치가 있는 total_bedrooms컬럼에서 결측가가 있는 데이터는 제거한다. 또한 문자형으로 되어 있는 바다와 근접성인 ocean_ proximity는 모두 5개 범주(OCEAN, INLAND, ISLAND, NEAR BAY, NEAR OCEAN)이므로 1,2,3,4,5로 인코딩한다.

```
> str(df)
'data.frame':	20640 obs. of  10 variables:
 $ longitude         : num  -122 -122 -122 -122 -122 ...
 $ latitude          : num  37.9 37.9 37.9 37.9 37.9 ...
 $ housing_median_age: num  41 21 52 52 52 52 52 52 42 52 ...
 $ total_rooms       : num  880 7099 1467 1274 1627 ...
 $ total_bedrooms    : num  129 1106 190 235 280 ...
 $ population         : num  322 2401 496 558 565 ...
 $ households         : num  126 1138 177 219 259 ...
 $ median_income     : num  8.33 8.3 7.26 5.64 3.85 ...
 $ median_house_value: num  452600 358500 352100 341300 342200 ...
 $ ocean_proximity   : chr  "NEAR BAY" "NEAR BAY" "NEAR BAY" "NEAR BAY"

> summary(df)
   longitude          latitude      housing_median_age  total_rooms
 Min.   :-124.3   Min.   :32.54   Min.   : 1.00      Min.   :    2
 1st Qu.:-121.8   1st Qu.:33.93   1st Qu.:18.00      1st Qu.: 1448
 Median :-118.5   Median :34.26   Median :29.00      Median : 2127
 Mean   :-119.6   Mean   :35.63   Mean   :28.64      Mean   : 2636
 3rd Qu.:-118.0   3rd Qu.:37.71   3rd Qu.:37.00      3rd Qu.: 3148
 Max.   :-114.3   Max.   :41.95   Max.   :52.00      Max.   :39320

 total_bedrooms     population      households     median_income
 Min.   :   1.0   Min.   :    3   Min.   :   1.0   Min.   : 0.4999
 1st Qu.: 296.0   1st Qu.:  787   1st Qu.: 280.0   1st Qu.: 2.5634
 Median : 435.0   Median : 1166   Median : 409.0   Median : 3.5348
 Mean   : 537.9   Mean   : 1425   Mean   : 499.5   Mean   : 3.8707
 3rd Qu.: 647.0   3rd Qu.: 1725   3rd Qu.: 605.0   3rd Qu.: 4.7432
 Max.   :6445.0   Max.   :35682   Max.   :6082.0   Max.   :15.0001
 NA's   :207
 median_house_value ocean_proximity
 Min.   : 14999     Length:20640
 1st Qu.:119600     Class :character
 Median :179700     Mode  :character
 Mean   :206856
 3rd Qu.:264725
 Max.   :500001
```

우선 R코드를 통해 다중회귀분석을 수행한다. Ocean_proximity를 1, 2, 3, 4, 5 범주로 인코딩하는 코드는 다음과 같다.

```
> df$ocean_proximity <- as.numeric(factor(df$ocean_proximity),
+       level=c("OCEAN", "INLAND", "ISLAND", "NEAR BAY", "NEAR OCEAN"))
```

그리고 total_bedrooms의 결측치를 제거하는 코드는 다음과 같다.

```
> df <- subset(df, df$total_bedrooms != 'NA')
```

다중회귀분석 코드와 결과는 다음과 같다.

```
> result <- lm(df$median_house_value ~ df$longitude+df$latitude+
+                 df$housing_median_age+df$total_rooms+
+                 df$total_bedrooms+df$population+df$households+
+                 df$median_income+df$ocean_proximity)
> summary(result)

Call:
lm(formula = df$median_house_value ~ df$longitude + df$latitude +
    df$housing_median_age + df$total_rooms + df$total_bedrooms +
    df$population + df$households + df$median_income + df$ocean_proximity)

Residuals:
    Min      1Q  Median      3Q     Max
-563586  -43626  -11385   30323  801477

Coefficients:
                        Estimate Std. Error t value Pr(>|t|)
(Intercept)           -3.587e+06  6.573e+04 -54.569  < 2e-16 ***
df$longitude          -4.275e+04  7.467e+02 -57.247  < 2e-16 ***
df$latitude           -4.252e+04  6.909e+02 -61.541  < 2e-16 ***
df$housing_median_age  1.158e+03  4.342e+01  26.673  < 2e-16 ***
df$total_rooms        -8.244e+00  7.966e-01 -10.350  < 2e-16 ***
df$total_bedrooms      1.138e+02  6.932e+00  16.421  < 2e-16 ***
df$population         -3.840e+01  1.090e+00 -35.222  < 2e-16 ***
df$households          4.769e+01  7.548e+00   6.317 2.72e-10 ***
df$median_income       4.029e+04  3.387e+02 118.976  < 2e-16 ***
df$ocean_proximity    -3.224e+01  3.689e+02  -0.087     0.93
---
Signif. codes:  0 '***' 0.001 '**' 0.01 '*' 0.05 '.' 0.1 ' ' 1

Residual standard error: 69570 on 20423 degrees of freedom
Multiple R-squared:  0.6369,    Adjusted R-squared:  0.6368
F-statistic:  3981 on 9 and 20423 DF,  p-value: < 2.2e-16
```

결과를 보면, F-검정통계량은 3981이며, 유의확률은 2.2e-16으로 매우 작아 이 회귀선(회귀모형)은 검정결과 유의한 것으로 확인할 수 있다. 결정계수는 0.6369이며, 이는 회귀선이 20,433개의 전체 데이터를 64% 설명하고 있다는 것을 알 수 있다. 각 변수의 유의확률을 보면, 바다와의 근접성(ocean_proximity) 변수를 제외한 모든 변수가 종속변수에 많은 영향을 주는 것으로 확인된다. 다음은 파이썬을 사용한 분석이다. 파이썬 코드와 결과는 다음과 같다.

결과를 보면, R코드이 결과와 일치함을 확인할 수 있다. 다음 단원에서는 변수가 많으면 다중공선성 또는 과적합이 발생할 가능성이 높기 때문에 불필요한 변수를 제거하는 최적회귀방정식에 대해 살펴본다.

```python
import pandas as pd
from sklearn.linear_model import LinearRegression
from sklearn.preprocessing import LabelEncoder
from sklearn.metrics import r2_score

df = pd.read_csv("http://raw.githubusercontent.com/YoungjinBD/dataset/main/l

df = df.dropna(axis=0)
df["ocean_proximity"] = LabelEncoder().fit_transform(df["ocean_proximity"])

X = df.drop("median_house_value", axis=1)
Y = df["median_house_value"]
model = LinearRegression()
model.fit(X, Y)
pred = model.predict(X)
print("기울기 : ", model.coef_)
print("절편 : ", model.intercept_)
print("결정계수 : ", r2_score(df["median_house_value"], pred))

기울기 :  [-4.27483234e+04 -4.25218221e+04  1.15803286e+03 -8.24441591e+00
  1.13832886e+02 -3.83955226e+01  4.76869148e+01  4.02947721e+04
 -3.22434654e+01]
절편 :  -3587096.375684344
결정계수 :  0.6369118215340472
```

4. 최적회귀방정식(Optimal Regression Equation)

앞 단원에서 다중회귀분석에서 변수가 많은 경우, 불필요한 변수를 제거해야 한다고 하였다. 그 이유는 회귀분석에서는 변수가 많을수록 다중공선성 문제가 발생할 수 있으며, 또한 과적합을 유발할 수도 있기 때문이다. 따라서 종속변수에 영향이 없는 변수들은 제거하면 좋은데, 이를 위해 적합도와 복잡도 사이에서 최적점을 찾는 것이 중요하다. 적합도는 회귀선에 의해 어떤 x값이 주어지고, 이를 추정한 값($\hat{y}$)이 실제 일어날 가능도(Likelihood)을 말하며, 복잡도는 변수의 개수, k를 말한다. 일반적으로 변수의 개수가 큰 경우, 복잡도는 커지고, 변수의 개수가 작으면, 복잡도는 작게 된다. 또한 적합도에서는 잔차의 분산(MSE)이 작으면 추정값이 일어날 가능성이 커지기 때문에 적합도는 크게 되고, 잔차의 분산이 크면 추정값이 일어날 가능성이 작아지기 때문에 적합도는 작게 된다. 최적점을 찾을 때 적합도는 크면 좋고, 복잡도는 작으면 좋다. 하지만 적합도가 커지면, 복잡도도 커지고, 적합도가 작아지면, 복잡도도 작아지기 때문에 항상 이 둘 사이에는 균형(Trade off)이 중요하다.

이를 위해 벌점을 주는 지표로 AIC(Akaike Information Criteria)와 BIC(Bayes Information Criteria)가 있다. 벌점이기 때문에 두 지표 모두 값이 적을수록 좋은 모델이 된다. 우선 AIC의 지표 산출식은 다음과 같다.

$$AIC = -2LogL\left(\hat{\theta}\right) + 2k$$

AIC 식에서 $L(\hat{\theta})$은 가능도이며, k는 변수의 개수다. 가능도에 Log를 취하고 -2를 곱하였기 때문에 가능도가 커지면, 이 항의 값은 작아진다. 또한 k에 2을 곱하였기 때문에 변수의 개수인 k가 작아질수록 AIC의 값은 작아진다.

만약 표본의 개수 n이 큰 경우, AIC 대신에 BIC를 사용한다. BIC 지표의 산출식은 다음과 같다.

$$BIC = -2LogL\left(\hat{\theta}\right) + klog(n)$$

BIC는 적합도 항은 AIC와 같지만, 복잡도 항에서 2를 곱하는 대신에 $log(n)$을 곱하였다. 따라서 표본의 개수가 커질수록 복잡도는 커진다.

최적회귀방정식을 찾는 방법으로 단계적으로 변수를 선택하는 방법에 대해 알아보자. 단계적으로 변수를 선택하는 방법에는 3가지가 있는데, 이는 전진선택법(Forward Selection), 후진제거법(Backward Elimination), 그리고 단계별방법(Stepwise Method)이다.

전진선택법은 시작은 빈 회귀모형으로 하고, 설명력이 높은 순서대로(AIC 또는 BIC가 작은 순서대로) 변수를 하나씩 회귀모형에 추가하는 방법이다. 이 방법은 변수의 수가 많은 경우 사용하기 좋은 방법이다. 후진제거법은 시작은 모든 변수를 포함한 회귀모형으로 하고, 어떤 특정 변수를 제거할 경우, 예상되는 설명력이 더 좋아지면(예상되는 AIC 또는 BIC가 작아지면) 해당 변수를 제거한다. 이렇게 반복하다 보면 어떤 시점에서는 제거할 변수가 없게 된다. 이 방법은 변수의 개수가 너무 많으면 적용이 어려울 수 있다. 단계별방법은 전진선택법과 후진제거법을 동시에 하는 방법으로 우선 빈 회귀모형으로 시작한다. 우선 전진선택법으로 변수를 추가하면서 추가할 때 예상되는 AIC 또는 BIC 값과 이미 추가된 변수가 제거될 때 예상되는 AIC 또는 BIC값이 가장 작아지도록 변수를 추가하거나 제거한다. 이 3가지 방법에 대해서는 예제를 통해 R코드와 결과로 자세히 알아본다.

그럼 이제 다중회귀분석에서 사용한 하우징 데이터 셋 예제를 가지고 최적회귀방정식을 찾아보자. 앞에서 언급한 3가지 단계적으로 변수를 선택하는 방법을 이용하며, R코드로 분석을 수행한다.

우선 전진선택법으로 분석한 R코드와 결과는 다음과 같다. 처음 아무 변수도 없는 경우 AIC는 476,354이며, 모든 변수를 하나하나 추가한다고 가정할 때 예상되는 AIC가 가장 작은 변수는 median_income으로 463,235이다. 따라서 첫 단계에서는 median_income을 추가한다. 두번째 단계에서는 median_income을 뺀 나머지 변수들만을 고려한다. 두번째 단계에서 변수를 추가한다고 가정할 때 예상되는 AIC가 가장 작은 변수는 housing_median_age로 461,798이다. 이 값은 현재 회귀모형인 median_income만 있을 때의 AIC보다 작기 때문에 housing_median_age 변수를 회귀모형에 추가한다. 이런 식으로 반복하다 보면, 마지막은 나머지 추가되지 않은 변수들을 하나하나 추가할 때 예상되는 AIC값이 기존 회귀모형의

AIC보다 작은 값이 없는 경우, 전진선택법을 멈춘다. 마지막 회귀모형이 최적회귀모형이 된다. 이 예제에서는 마지막 남은 변수인 ocean_proximity를 추가한다고 가정할 때 예상되는 AIC가 기존 AIC보다 크기 때문에 ocean_proximity는 추가하지 않고 전진선택법을 멈췄다.

```
> result <- step(lm(df$median_house_value ~ 1),
+                 scope=list(lower=~1,
+                 upper=~df$longitude+df$latitude+
+                 df$housing_median_age+df$total_rooms+
+                 df$total_bedrooms+df$population+df$households+
+                 df$median_income+df$ocean_proximity),
+                 direction='forward')

Start:  AIC=476354.2
df$median_house_value ~ 1

                        Df  Sum of Sq        RSS      AIC
+ df$median_income       1 1.2901e+14 1.4326e+14   463235
+ df$latitude            1 5.6958e+12 2.6657e+14   475924
+ df$total_rooms         1 4.8374e+12 2.6743e+14   475990
+ df$housing_median_age  1 3.0842e+12 2.6918e+14   476123
+ df$ocean_proximity     1 1.7638e+12 2.7050e+14   476223
+ df$households          1 1.1466e+12 2.7112e+14   476270
+ df$total_bedrooms      1 6.7214e+11 2.7159e+14   476306
+ df$longitude           1 5.6114e+11 2.7170e+14   476314
+ df$population          1 1.7427e+11 2.7209e+14   476343
<none>                                2.7226e+14   476354

Step:  AIC=463235.5
df$median_house_value ~ df$median_income

                        Df  Sum of Sq        RSS      AIC
+ df$housing_median_age  1 9.7438e+12 1.3351e+14   461798
+ df$ocean_proximity     1 2.2349e+12 1.4102e+14   462916
+ df$latitude            1 2.2109e+12 1.4105e+14   462920
+ df$households          1 8.4322e+11 1.4241e+14   463117
+ df$total_bedrooms      1 8.2372e+11 1.4243e+14   463120
+ df$longitude           1 3.2780e+11 1.4293e+14   463191
+ df$population          1 2.2585e+11 1.4303e+14   463205
<none>                                1.4326e+14   463235
+ df$total_rooms         1 2.4139e+09 1.4325e+14   463237

Step:  AIC=461798.2
df$median_house_value ~ df$median_income + df$housing_median_age
```

```
                         Df  Sum of Sq        RSS     AIC
+ df$total_bedrooms      1 4.1085e+12 1.2940e+14  461162
+ df$households          1 3.8312e+12 1.2968e+14  461205
+ df$latitude            1 2.2342e+12 1.3128e+14  461455
+ df$ocean_proximity     1 1.3328e+12 1.3218e+14  461595
+ df$total_rooms         1 1.2111e+12 1.3230e+14  461614
+ df$population          1 2.2482e+11 1.3329e+14  461766
+ df$longitude           1 5.0336e+10 1.3346e+14  461792
<none>                                1.3351e+14  461798

Step:  AIC=461161.5
df$median_house_value ~ df$median_income + df$housing_median_age +
    df$total_bedrooms


                         Df  Sum of Sq        RSS     AIC
+ df$population          1 6.5110e+12 1.2289e+14  460109
+ df$total_rooms         1 6.1842e+12 1.2322e+14  460163
+ df$latitude            1 1.8349e+12 1.2757e+14  460872
+ df$ocean_proximity     1 1.2301e+12 1.2817e+14  460968
+ df$longitude           1 8.7749e+10 1.2932e+14  461150
+ df$households          1 1.4401e+10 1.2939e+14  461161
<none>                                1.2940e+14  461162

Step:  AIC=460108.7
df$median_house_value ~ df$median_income + df$housing_median_age +
    df$total_bedrooms + df$population


                         Df  Sum of Sq        RSS     AIC
+ df$total_rooms         1 3.5571e+12 1.1934e+14  459511
+ df$latitude            1 2.6535e+12 1.2024e+14  459665
+ df$households          1 1.7410e+12 1.2115e+14  459819
+ df$ocean_proximity     1 6.7229e+11 1.2222e+14  459999
<none>                                1.2289e+14  460109
+ df$longitude           1 8.5347e+09 1.2288e+14  460109

Step:  AIC=459510.5
df$median_house_value ~ df$median_income + df$housing_median_age +
    df$total_bedrooms + df$population + df$total_rooms


                         Df  Sum of Sq        RSS     AIC
+ df$latitude            1 1.7546e+12 1.1758e+14  459210
+ df$households          1 1.3756e+12 1.1796e+14  459276
+ df$ocean_proximity     1 8.4544e+11 1.1849e+14  459367
+ df$longitude           1 7.0491e+10 1.1927e+14  459500
<none>                                1.1934e+14  459511

Step:  AIC=459209.8
df$median_house_value ~ df$median_income + df$housing_median_age +
    df$total_bedrooms + df$population + df$total_rooms + df$latitude
```

```
                      Df  Sum of Sq        RSS      AIC
+ df$longitude         1 1.8532e+13 9.9049e+13 455707
+ df$households        1 1.5390e+12 1.1604e+14 458943
+ df$ocean_proximity   1 1.4148e+12 1.1617e+14 458964
<none>                            1.1758e+14 459210

Step:  AIC=455707.3
df$median_house_value ~ df$median_income + df$housing_median_age +
    df$total_bedrooms + df$population + df$total_rooms + df$latitude +
    df$longitude

                      Df  Sum of Sq        RSS      AIC
+ df$households        1 1.9339e+11 9.8856e+13 455669
<none>                            9.9049e+13 455707
+ df$ocean_proximity   1 2.4656e+08 9.9049e+13 455709

Step:  AIC=455669.4
df$median_house_value ~ df$median_income + df$housing_median_age +
    df$total_bedrooms + df$population + df$total_rooms + df$latitude +
    df$longitude + df$households

                      Df Sum of Sq        RSS      AIC
<none>                           9.8856e+13 455669
+ df$ocean_proximity   1  36973642 9.8856e+13 455671
```

후진제거법은 앞에서 설명했듯이, 모든 변수를 포함한 회귀모형에서 시작한다. 단계별로 각각의 변수를 하나하나 제거한다고 가정할 때 예상되는 AIC가 기존 회귀모형보다 작으면, 해당 변수를 제거한다. 후진제거법을 적용한 R코드와 결과는 다음과 같다. 첫 번째 단계에서 각각의 변수를 하나하나 모형에서 뺀다고 가정할 때 예상되는 AIC값이 초기 AIC값인 455,671보다 작은 변수는 ocean_proximity(이 변수를 뺄 경우, AIC는 455,669)로 이 변수를 뺀다. 두 번째는 나머지 변수들을 하나하나 뺀다고 가정할 때 예상되는 AIC값이 455,669보다 작은 값이 없기 때문에 후진제거법을 멈춘다.

```
> result <- step(lm(df$median_house_value ~ df$longitude+df$latitude+
+               df$housing_median_age+df$total_rooms+
+               df$total_bedrooms+df$population+df$households+
+               df$median_income+df$ocean_proximity),
+           scope=list(lower=~1,
+               upper=~df$longitude+df$latitude+
+               df$housing_median_age+df$total_rooms+
+               df$total_bedrooms+df$population+df$households+
+               df$median_income+df$ocean_proximity),
+           direction='backward')
```

```
Start:  AIC=455671.4
df$median_house_value ~ df$longitude + df$latitude + df$housing_median_age +
    df$total_rooms + df$total_bedrooms + df$population + df$households +
    df$median_income + df$ocean_proximity

                        Df  Sum of Sq         RSS     AIC
- df$ocean_proximity     1  3.6974e+07  9.8856e+13  455669
<none>                                  9.8856e+13  455671
- df$households          1  1.9318e+11  9.9049e+13  455709
- df$total_rooms         1  5.1847e+11  9.9374e+13  455776
- df$total_bedrooms      1  1.3052e+12  1.0016e+14  455937
- df$housing_median_age  1  3.4437e+12  1.0230e+14  456369
- df$population          1  6.0050e+12  1.0486e+14  456874
- df$longitude           1  1.5863e+13  1.1472e+14  458710
- df$latitude            1  1.8332e+13  1.1719e+14  459145
- df$median_income       1  6.8518e+13  1.6737e+14  466429

Step:  AIC=455669.4
df$median_house_value ~ df$longitude + df$latitude + df$housing_median_age +
    df$total_rooms + df$total_bedrooms + df$population + df$households +
    df$median_income

                        Df  Sum of Sq         RSS     AIC
<none>                                  9.8856e+13  455669
- df$households          1  1.9339e+11  9.9049e+13  455707
- df$total_rooms         1  5.2217e+11  9.9378e+13  455775
- df$total_bedrooms      1  1.3055e+12  1.0016e+14  455935
- df$housing_median_age  1  3.4471e+12  1.0230e+14  456368
- df$population          1  6.0680e+12  1.0492e+14  456885
- df$longitude           1  1.7186e+13  1.1604e+14  458943
- df$latitude            1  1.9086e+13  1.1794e+14  459274
- df$median_income       1  6.9123e+13  1.6798e+14  466501
```

세 번째는 단계별방법으로 전진선택법과 후진제거법을 동시에 적용한다. 우선 빈 모형으로 시작한다. 첫 단계에서는 변수를 추가한다고 가정할 때 예상되는 AIC가 가장 작은 변수를 추가한다. 다음 단계에서는 추가된 변수는 제거한다고 가정할 때 예상되는 AIC를 구하고, 추가되지 않은 변수는 추가한다고 가정할 때 예상되는 AIC를 구하여 가장 작은 AIC가 나온 변수를 추가하거나 제거한다.

다음은 동일 예제에 단계별방법을 적용한 R코드와 결과다. 결과를 보면, 첫 단계에서 median_income을 추가한다고 가정할 때의 예상 AIC는 463,235로 가장 작고, 현재 모형의 AIC보다 작기 때문에 median_income을 추가한다. 다음 단계에서는 median_income은 뺀다고 가정할 때의 AIC와 나머지 변수들은 추가한다고 가정할 때의 AIC를 비교한다. Housing_median_age를 추가한다고 가정할 때의 AIC가 461,798로 가장 작고, 현재 모형의 AIC보다 작기 때문에 housing_median_age를 추가한다. 이렇게 반복 수행하면, 최종 ocean_proximity 변수만 제외하고 모든 변수가 포함된 회귀모형이 최적이 된다.

```
> result <- step(lm(df$median_house_value ~ 1),
+               scope=list(lower=~1,
+                  upper=~df$longitude+df$latitude+
+                  df$housing_median_age+df$total_rooms+
+                  df$total_bedrooms+df$population+df$households+
+                  df$median_income+df$ocean_proximity),
+               direction='both')

Start:  AIC=476354.2
df$median_house_value ~ 1

                        Df  Sum of Sq         RSS     AIC
+ df$median_income       1 1.2901e+14  1.4326e+14  463235
+ df$latitude            1 5.6958e+12  2.6657e+14  475924
+ df$total_rooms         1 4.8374e+12  2.6743e+14  475990
+ df$housing_median_age  1 3.0842e+12  2.6918e+14  476123
+ df$ocean_proximity     1 1.7638e+12  2.7050e+14  476223
+ df$households          1 1.1466e+12  2.7112e+14  476270
+ df$total_bedrooms      1 6.7214e+11  2.7159e+14  476306
+ df$longitude           1 5.6114e+11  2.7170e+14  476314
+ df$population          1 1.7427e+11  2.7209e+14  476343
<none>                               2.7226e+14  476354

Step:  AIC=463235.5
df$median_house_value ~ df$median_income

                        Df  Sum of Sq         RSS     AIC
+ df$housing_median_age  1 9.7438e+12  1.3351e+14  461798
+ df$ocean_proximity     1 2.2349e+12  1.4102e+14  462916
+ df$latitude            1 2.2109e+12  1.4105e+14  462920
+ df$households          1 8.4322e+11  1.4241e+14  463117
+ df$total_bedrooms      1 8.2372e+11  1.4243e+14  463120
+ df$longitude           1 3.2780e+11  1.4293e+14  463191
+ df$population          1 2.2585e+11  1.4303e+14  463205
<none>                               1.4326e+14  463235
+ df$total_rooms         1 2.4139e+09  1.4325e+14  463237
- df$median_income       1 1.2901e+14  2.7226e+14  476354

Step:  AIC=461798.2
df$median_house_value ~ df$median_income + df$housing_median_age
```

```
                              Df  Sum of Sq          RSS     AIC
+ df$total_bedrooms            1 4.1085e+12 1.2940e+14  461162
+ df$households                1 3.8312e+12 1.2968e+14  461205
+ df$latitude                  1 2.2342e+12 1.3128e+14  461455
+ df$ocean_proximity           1 1.3328e+12 1.3218e+14  461595
+ df$total_rooms               1 1.2111e+12 1.3230e+14  461614
+ df$population                1 2.2482e+11 1.3329e+14  461766
+ df$longitude                 1 5.0336e+10 1.3346e+14  461792
<none>                                      1.3351e+14  461798
- df$housing_median_age        1 9.7438e+12 1.4326e+14  463235
- df$median_income             1 1.3567e+14 2.6918e+14  476123

Step:  AIC=461161.5
df$median_house_value ~ df$median_income + df$housing_median_age +
    df$total_bedrooms

                              Df  Sum of Sq          RSS     AIC
+ df$population                1 6.5110e+12 1.2289e+14  460109
+ df$total_rooms               1 6.1842e+12 1.2322e+14  460163
+ df$latitude                  1 1.8349e+12 1.2757e+14  460872
+ df$ocean_proximity           1 1.2301e+12 1.2817e+14  460968
+ df$longitude                 1 8.7749e+10 1.2932e+14  461150
+ df$households                1 1.4401e+10 1.2939e+14  461161
<none>                                      1.2940e+14  461162
- df$total_bedrooms            1 4.1085e+12 1.3351e+14  461798
- df$housing_median_age        1 1.3029e+13 1.4243e+14  463120
- df$median_income             1 1.3765e+14 2.6705e+14  475963

Step:  AIC=460108.7
df$median_house_value ~ df$median_income + df$housing_median_age +
    df$total_bedrooms + df$population

                              Df  Sum of Sq          RSS     AIC
+ df$total_rooms               1 3.5571e+12 1.1934e+14  459511
+ df$latitude                  1 2.6535e+12 1.2024e+14  459665
+ df$households                1 1.7410e+12 1.2115e+14  459819
+ df$ocean_proximity           1 6.7229e+11 1.2222e+14  459999
<none>                                      1.2289e+14  460109
+ df$longitude                 1 8.5347e+09 1.2288e+14  460109
- df$population                1 6.5110e+12 1.2940e+14  461162
- df$total_bedrooms            1 1.0395e+13 1.3329e+14  461766
- df$housing_median_age        1 1.2488e+13 1.3538e+14  462084
- df$median_income             1 1.3884e+14 2.6173e+14  475554


Step:  AIC=459510.5
df$median_house_value ~ df$median_income + df$housing_median_age +
    df$total_bedrooms + df$population + df$total_rooms
```

```
                            Df  Sum of Sq        RSS     AIC
+ df$latitude             1 1.7546e+12 1.1758e+14 459210
+ df$households           1 1.3756e+12 1.1796e+14 459276
+ df$ocean_proximity      1 8.4544e+11 1.1849e+14 459367
+ df$longitude            1 7.0491e+10 1.1927e+14 459500
<none>                                 1.1934e+14 459511
- df$total_rooms          1 3.5571e+12 1.2289e+14 460109
- df$population           1 3.8839e+12 1.2322e+14 460163
- df$housing_median_age   1 1.0633e+13 1.2997e+14 461253
- df$total_bedrooms       1 1.2106e+13 1.3144e+14 461483
- df$median_income        1 1.1702e+14 2.3635e+14 473472

Step:  AIC=459209.8
df$median_house_value ~ df$median_income + df$housing_median_age +
    df$total_bedrooms + df$population + df$total_rooms + df$latitude

                            Df  Sum of Sq        RSS     AIC
+ df$longitude            1 1.8532e+13 9.9049e+13 455707
+ df$households           1 1.5390e+12 1.1604e+14 458943
+ df$ocean_proximity      1 1.4148e+12 1.1617e+14 458964
<none>                                 1.1758e+14 459210
- df$latitude             1 1.7546e+12 1.1934e+14 459511
- df$total_rooms          1 2.6582e+12 1.2024e+14 459665
- df$population           1 4.5946e+12 1.2218e+14 459991
- df$housing_median_age   1 1.0621e+13 1.2820e+14 460975
- df$total_bedrooms       1 1.1065e+13 1.2865e+14 461046
- df$median_income        1 1.0932e+14 2.2690e+14 472640

Step:  AIC=455707.3
df$median_house_value ~ df$median_income + df$housing_median_age +
    df$total_bedrooms + df$population + df$total_rooms + df$latitude +
    df$longitude

                            Df  Sum of Sq        RSS     AIC
+ df$households           1 1.9339e+11 9.8856e+13 455669
<none>                                 9.9049e+13 455707
+ df$ocean_proximity      1 2.4656e+08 9.9049e+13 455709
- df$total_rooms          1 5.5535e+11 9.9605e+13 455820
- df$housing_median_age   1 3.5047e+12 1.0255e+14 456416
- df$population           1 6.6540e+12 1.0570e+14 457034
- df$total_bedrooms       1 6.7894e+12 1.0584e+14 457060
- df$longitude            1 1.8532e+13 1.1758e+14 459210
- df$latitude             1 2.0216e+13 1.1927e+14 459500
- df$median_income        1 7.0142e+13 1.6919e+14 466645

Step:  AIC=455669.4
df$median_house_value ~ df$median_income + df$housing_median_age +
    df$total_bedrooms + df$population + df$total_rooms + df$latitude +
    df$longitude + df$households
```

```
                           Df  Sum of Sq        RSS      AIC
<none>                                     9.8856e+13  455669
+ df$ocean_proximity       1   3.6974e+07  9.8856e+13  455671
- df$households            1   1.9339e+11  9.9049e+13  455707
- df$total_rooms           1   5.2217e+11  9.9378e+13  455775
- df$total_bedrooms        1   1.3055e+12  1.0016e+14  455935
- df$housing_median_age    1   3.4471e+12  1.0230e+14  456368
- df$population            1   6.0680e+12  1.0492e+14  456885
- df$longitude             1   1.7186e+13  1.1604e+14  458943
- df$latitude              1   1.9086e+13  1.1794e+14  459274
- df$median_income         1   6.9123e+13  1.6798e+14  466501
```